Frank · Lehrer am Limit

Heike Frank

Lehrer am Limit

Gegensteuern und durchstarten

Ein Lehrer-Ratgeber mit Sofortwirkung und Langzeiteffekt

BELTZ

Heike Frank ist Lehrerin für Sek. I und II, aber auch als Coach und in der Lehrerfortbildung tätig. Sie war mehrere Jahre in der Jugendhilfe und Kinder-/Jugendpsychiatrie beschäftigt, arbeitet in eigener gestalttherapeutischer Praxis in Lahnstein (Rheinland-Pfalz) und Hessen und bietet Supervisionen für Lehrer/-innen und Schulleiter/-innen an.

Lektorat: Hella Neukötter, Köln, für den Beltz Verlag, Weinheim und Basel

www.beltz.de
Herstellung: Uta Euler
Satz: Druckhaus »Thomas Müntzer«, Bad Langensalza
Druck: Beltz Druckpartner, Hemsbach
Umschlaggestaltung: glas ag, Seeheim-Jugenheim
Printed in Germany

ISBN 978-3-407-62724-7

Inhalt

Vorwort 9

Teil A: Lehrer am Limit – eine Bestandsaufnahme 15

1. Anforderungen ohne Grenzen 16
Grenzenlos in den Burn-out 16
Was erschöpft im Lehrerberuf? 23
Abgrenzung statt Grenzüberschreitung 27
Wegweiser 30

2. Leistungssystem Schule 32
Selbstdefinition durch Leistung 32
Abhängigkeit und Autonomie 34
Wegweiser 37

3. Berufswahl 38
Wegweiser 41

4. Die Lebenswelt heutiger Kinder und Jugendlicher 43
Akzeptanz der Wirklichkeit 44
Gesellschaftliche Veränderungen
und ihre Auswirkungen auf die Schule 46
Resümee 57
Wegweiser 59

5. Pädagogische Auseinandersetzungen 62
Professionalität und die Angst vor Veränderung 62
Zerrissenheit im Kollegium 64
Auf dem Weg zu einem gemeinsamen Leitbild 67
Wegweiser 69

Teil B: Ansatzpunkte der Veränderung 71

1. Wertschätzung und Würde ... 72
Ressourcen- und defizitorientierte Haltung – welche Brille haben Sie auf? ... 74
Wertschätzung und Selbstwertgefühl ... 82
?! Übungen zur (eigenen) Wertschätzung ... 84

2. Kommunikation und Beziehung ... 90
Entlastung durch Supervision ... 91
Selbstwahrnehmung ↔ Fremdwahrnehmung ... 97
?! Übung zu Empathie und Einfühlungsvermögen ... 98
Beziehungsaufbau statt Machtkampf und Grenzüberschreitungen ... 101
?! Reflexionsfragen zum Thema »Machtkämpfe« ... 107
Wertschätzung statt Beschämung und Abwertung ... 108
Beziehungsarbeit als Schlüssel zu »schwierigen« Schülern ... 110
?! Übung zur Stärkung der Selbstwahrnehmung ... 114
?! Übungen zur Wahrnehmung des eigenen Potenzials ... 115
Wegweiser ... 120

3. *Eine* pädagogische Sprache ... 121
Der Kollegiumsprozess in eine gemeinsame pädagogische Haltung ... 121
Verhärtung als Schutz ... 122
Respektvoller Umgang mit dem Ist-Zustand einer Schule ... 125
?! Bestandsaufnahme des Ist-Zustands ... 130

4. Rituale und Werteerziehung als identifikationsfördernde Hilfen ... 136
Wie Rituale den Schulalltag verändern ... 136
?! Übung zu Ritualen an der Schule ... 140

Werteerziehung – was fördert Zivilcourage und Verantwortungsgefühl? 140
Auswirkungen von Zusammenarbeit und Wertevermittlung 143
Wie zeigt sich der Prozess der Werteauseinandersetzung? 144
Fallbeispiele zur Werteerziehung 145
?! Übungen zur Werteerziehung 150

5. **Kooperation mit Eltern – was schafft Vertrauen und Beziehung?** 156
Gespräche von Mensch zu Mensch 165
?! Fragen zum Nachdenken 166
Ausstieg aus der Ratgeberrolle 167
Zum Umgang mit Eltern 171
Wegweiser 173

6. **Ausblick: Wegweiser in die eigene Kraft und Kompetenz** 174
Zwischen Ertragen und Mitgestalten 174
Selbstfürsorge und Psychohygiene 178
?! Übung zu den eigenen Ressourcen 180
Schulische Facetten von Professionalität 182
?! Fragen zu Ihrer Lehrerpersönlichkeit 184
Anregungen für Ihren Schulalltag 186

Literatur 189

Vorwort

»Ach so, Sie sind Lehrerin? Aha … na ja …«

»Sie sind Gestalttherapeutin? Das ist ja interessant! Was sagen Sie denn zu folgendem Problem: […]?«

Es verblüfft mich immer wieder aufs Neue, wie unterschiedlich die Reaktionen sind, je nachdem ob ich mich als Lehrerin oder als Gestalttherapeutin vorstelle. Die beiden Berufsbilder lösen offensichtlich fast entgegengesetzte Assoziationen aus. Dabei fällt auf, dass viele Mitmenschen auf den Lehrerberuf mit Misstrauen und Vorsicht reagieren. Wertschätzung und Vertrauen sind nicht gerade selbstverständlich. In Skandinavien ist das Bild ein anderes: Der Lehrerberuf ist dort sehr geschätzt und beliebt, nur die Besten erhalten Studienplätze. Hierzulande bewegt er sich auf den hinteren Rängen der Beliebtheitsskala.

Wir alle waren in der Schule und sind deshalb scheinbar mit dem Wissen ausgestattet, direkt beurteilen zu können, was die Qualität von Schule ausmacht. Und in dieser Hinsicht hagelt es nur so an Kritik: Die Lehrer sind schlecht, sie wissen nicht mit den Kindern umzugehen, bringen ihnen nicht genug bei, machen sie nicht berufsreif, benoten viel zu streng oder verteilen unangemessen gute Noten, haben viel zu viel Ferien, sind »faule Säcke« und dazu noch nahezu unkündbar.

Zudem wird durch die Bildungspolitik häufig noch die Botschaft transportiert, dass eigentlich *jeder* Lehrer werden kann, was sich insbesondere bei der Suche nach Quereinsteigern zeigt. Fast hat es den Anschein, als sei jeder für den Lehrerberuf geeignet und eine bewusste pädagogische Haltung für die Schule gar nicht weiter wichtig. Genau das wiederum macht es engagierten Lehrerinnen und Lehrern schwer, gute Arbeit zu leisten, weil es zu ihrer Frustration und Erschöpfung beiträgt.

Tendenziell wird zurzeit zwar verstärkt wahrgenommen, dass es auch Lehrer nicht leicht mit den »heutigen« Kindern haben, und viele Außenstehende wollten ihren Beruf nicht mit dem des Lehrers eintauschen, Ferienzeiten hin oder her. Trotzdem gibt es weiterhin viele kraftraubende Spannungsfelder im Beziehungsnetz Schule und Gesellschaft.

Seit Jahren beobachte ich, wie mit dem Berufsbild des Lehrers umgegangen wird. Dadurch hat sich meine Haltung gegenüber diesem Beruf, der ja auch der meine ist, sehr verändert. Ich möchte die Schule, so wie ich sie erlebe, zwar nicht verteidigen, aber mir fällt auf, dass dem System Schule viele Defizite vorgeworfen werden, Lehrer/-innen aber kaum Unterstützung erhalten, um aus diesem Dilemma herauszukommen.

Vor circa zehn Jahren, zu Beginn meiner erneuten Beschäftigung in einer Schule und im Lehrerfortbildungsbereich, schaute ich verblüfft auf manche Phänomene, die ich in Schulen beobachten konnte: Ich war entsetzt über die Formen der Kommunikation, den immensen Zeitdruck, die Lautstärke und den häufig unreflektierten Umgang mancher Lehrer/-innen mit sich selbst und ihrer professionellen Rolle, der fehlenden Psychohygiene.

Im Laufe der Zeit, in der ich therapeutisch mit Lehrer/-innen gearbeitet und die ich selbst als Lehrerin oder Konfliktberaterin in Schulen verbracht habe, erweiterte sich aber mein Blick, als ich feststellte, wie viele Lehrer/-innen krankheitsbedingt – vor Erreichen der Altersgrenze – aus ihrem Beruf ausscheiden, wie viele mit einem hohen Leidensdruck leben und trotz zahlreicher Fortbildungen keinen adäquaten Umgang mit ihren beruflichen Belastungen finden. Ich lernte unsensible Lehrer/-innen kennen, die keinerlei Gespür für ihr Verhalten hatten, und ich lernte sehr warmherzige, reflektierte Lehrer/-innen kennen, die ihren Beruf liebten und sich weiterentwickeln wollten, hin zu mehr persönlicher und beruflicher Reife. Und trotzdem kämpften auch diese Kolleginnen und Kollegen gegen Ausbrennen, Erschöpfung und Überlastung.

So intensivierte sich mein Interesse an dem Gebiet der Lehrergesundheit: Was macht Lehrer/-innen gesund oder krank? Wann herrscht in einer Schule ein Klima, das nicht krankmachend ist? Und dazu gehört selbstverständlich auch der Blick auf Schule aus der Sicht von Schülerinnen und Schülern. Lehrer und Schüler verbringen wertvolle Lebenszeit an ihrer Schule, und deshalb ist ein positives Schulklima immer erstrebenswert.

Wäre es nicht auch erstrebenswert, wenn sowohl Lehrer als auch Schüler sagen könnten: »Ich gehe gerne in die Schule«, statt sich vielfach stöhnend durch den Tag zu quälen und andere mit Sätzen wie »Zum Glück nur noch zwei Stunden« oder »Nur noch 22 Tage bis zu den Ferien« zu überfallen?

Deshalb möchte ich zu einem neuen Blick auf den Lehrerberuf ermutigen, der an Bedeutung sogar noch zugenommen hat – gerade weil der häusliche Rahmen für viele Kinder und Jugendliche instabil geworden ist und die familiären Belastungen steigen und steigen. Lehrer/-innen ist oft nicht bewusst, wie wichtig sie in ihrer Rolle sind: Als Bezugsperson können sie für manche Schüler/-innen ein entscheidender Halt und Ausgangspunkt für schulisches Engagement und Leistungsbereitschaft sein.

Wer erlebt hat, wie einflussreich und wichtig die Schulzeit ist, der weiß, wie viel Leid und zum Glück auch Freude sie bewirken kann. So gut wie jeder ehemalige Schüler erinnert sich an eine Lehrerpersönlichkeit, die ihm entscheidende Impulse mit auf den Lebensweg gegeben hat. Der einzelne Lehrer kann viel Positives bewirken, großen Einfluss auf den Lebensweg eines Kindes nehmen, und sollte sehr bewusst mit dieser Macht umgehen. Lehrer/-innen können Lebenswege mit bahnen, aber auch zerstören. Deshalb ist es so wichtig, dass ihnen bewusst ist, mit welchen Mitteln sie ihre Schüler/-innen »erreichen« und wie sie tragende Beziehungen aufbauen können, wie entscheidend für alle Beteiligten Wertschätzung ist und welche pädagogischen Haltungen damit verbunden sind.

Sind diese Fähigkeiten nicht ausgebildet, fehlt ihnen wichtiges Handwerkszeug für ihre Arbeit. Das führt dazu, dass sie in immer wiederkehrende Stresssituationen kommen, d.h. in Konflikteskalationen mit Schüler/-innen und Eltern. Dagegen geben Bindungswissen, eine wertschätzende Haltung und das Anstreben einer Vorbildfunktion den vermehrt haltlosen Kindern und Jugendlichen wichtige Orientierungshilfen. Erst dadurch werden Schüler/-innen leistungsfähiger und -bereiter.

Wird Schule so weitergeführt, wie sie bereits vor 20, 30 und 40 Jahren gestaltet wurde, brauchen wir uns nicht zu wundern, dass immer mehr Lehrer/-innen krank werden und Schüler/-innen unter Mobbing und nachlassender Leistungsfähigkeit leiden. Warum interessieren sich so viele Eltern für Privatschulen? Weil sie ihre Kinder einer Schule anvertrauen möchten, von der sie hoffen, dass sie dort besser aufgehoben sind – sofern sie sich diese Schule leisten können. Deshalb ist es so wichtig, dass Schulen echte Antworten auf die heutigen Anforderungen anbieten können. Und auch Lehrerinnen und Lehrern geht es deutlich besser, wenn sie wissen, dass sie über gutes Handwerkszeug verfügen, mit dem sie den Aufgaben im Schulalltag gewachsen sind.

Auf den bisher gewählten Wegen sind Lehrer/-innen am Limit angekommen, das heißt: an gesundheitlichen und pädagogischen Grenzen. Machen sie weiter wie bisher, ist der Kräfteverschleiß groß und der Nutzen gering. Sie stehen auf schwankendem Boden und müssen unbedingt in ihrer umfassenden Berufsrealität anerkannt werden, damit sie Schritte der Veränderung gehen können.

Das Misstrauen gegenüber dem System Schule kann gerade nicht durch Schuldzuweisungen überwunden werden, z.B. indem Lehrer/-innen heutiges Schülerverhalten oder die Gesellschaft für ihre Probleme verantwortlich machen oder indem Eltern den

Unterricht von Lehrern abwerten, um ihrem Kind zu helfen. Erst wenn Schulen und Bildungspolitiker dieses Misstrauen wirklich ernst nehmen und die Phänomene *hinter* dem gespannten Verhältnis zwischen Lehrern und Schülern, Eltern und Lehrern oder Lehrern untereinander in den Blick nehmen, haben sie die Chance, Ursachen zu erkennen und Wege zu gegenseitigem Vertrauen zu finden.

Im Schulbetrieb liegt vieles im Argen. Aber daran sind nicht nur die Lehrer schuld. Lehrer/-innen sind Teil des Systems und auch vielen bildungspolitischen Vorgaben ausgeliefert, die sie gerne ändern würden, wenn sie nur könnten. Innerhalb des Systems Schule gibt es aber auch nicht genutzte Potenziale und Lernfelder, die die Arbeit erleichtern und bereichern können und die dazu beitragen, den heutigen Problemen an Schulen professionell zu begegnen – mit dem Resultat, dass sich Lehrer/-innen souveräner und gelassener in ihrem Berufsalltag bewegen können.

Ziel dieses Buches ist nicht nur, dass Sie als Lehrer/-in die Erkenntnis gewinnen, dass es sich gesundheitlich und fachlich lohnt, erlernte Haltungen und Verhaltensweisen infrage zu stellen, sondern Ihnen auch den Weg dorthin aufzuzeigen. Neben der Beschreibung der facettenreichen Welt »Schule« gebe ich Ihnen deshalb Wegweiser an die Hand, mit welchen Schritten Sie gegensteuern können, um mehr Professionalisierung *und* Entlastung in Ihrem Berufsalltag zu erreichen. Sie bekommen im Folgenden

- Unterstützung und Verständnis für viele spezifische Erfahrungen des Schulalltags,
- Hintergründe zu Belastungssituationen und Ansatzpunkte für neue Herangehensweisen,
- mutmachende Wegweiser hin zu mehr persönlicher Stabilität und Kompetenz,
- viele konkrete Anregungen als Unterstützung für Sie selbst und für Ihr Kollegium.

Zusätzlich sollte sich jede einzelne Schule einer großen Herausforderung stellen, nämlich sich einzugestehen, dass es auch Lehrer/-innen gibt, die über große Defizite verfügen und sich dieser meist nicht bewusst sind. Sie tun ihr Bestes und richten trotzdem Schaden an.

Es ist die Aufgabe von Schulleitungen, sich zu fragen, wie diese Kolleginnen und Kollegen aus ihrem Dilemma herauskommen, wie sie erreichbar werden für konstruktive Veränderungen. In der Regel bleiben solche Lehrer/-innen den Kollegien ja erhalten, da sie selten aus einem beruflichen System aussteigen, das ihnen so viel Sicherheit bietet – auch wenn für einige ein Berufswechsel ratsam und sinnvoll wäre. Oft werden sie von der Schulgemeinschaft resigniert ertragen, heimlich belächelt, ignoriert, tabuisiert, bloßgestellt oder angegriffen. Diese Lehrer/-innen zu erreichen, bei ihnen Veränderungsbereitschaft zu bewirken, ist von entscheidender Bedeutung, da sie sonst über Jahrzehnte Schaden anrichten – sowohl bei Schüler/-innen als auch in Kollegien.

Denn gerade die vielen Lehrer/-innen, die ihren Beruf gerne ausüben und an ihrer Professionalisierung arbeiten wollen, benötigen viel mehr Unterstützung, Rückhalt und »Fürsorge«. Ich möchte also einerseits den Finger in die Wunde legen, aber auch aufzeigen, welche Wege Kraft, Motivation und eine nachhaltige Perspektive in Schulen bringen. Es verändert Schule kein bisschen zum Guten, wenn Lehrer/-innen nur vorgeführt und in ihren Defiziten angeprangert werden. Schule kann dann wirksamer werden, wenn gesehen und anerkannt wird, was zum heutigen Lehrerberuf gehört, was gute Lehrer/-innen alles leisten und was sie an Unterstützung dringend benötigen, um ihre Kompetenz und – damit verbunden – ihre Gesundheit zu verbessern.

Heike Frank

Teil A: Lehrer am Limit – eine Bestandsaufnahme

1 Anforderungen ohne Grenzen

Szene aus einer Fortbildung: Eine Lehrerin setzt sich auf einen Stuhl in der Mitte eines Kreises. Ihre Aufgabe: »Lassen Sie nur auf sich wirken, was Ihnen die anderen gleich alles sagen.« Diese werden aufgefordert, der Kollegin mitzuteilen, welche Aufgaben sie als Lehrerin tagtäglich zu bewältigen hat. Niemand muss lange überlegen:

»Du sollst … Schüler motivieren … fachlich souverän sein … jeden Schüler gut kennen … methodisch und didaktisch fit sein … flexibel auf akute Situationen eingehen … Zeit haben … gute Elterngespräche führen … gut gelaunt sein … fair sein … Konflikte lösen können … Mobbing erkennen können … deine Klasse im Griff haben … dich bei Wettbewerben engagieren … mit neuer Technik schnell klarkommen … im Team zusammenarbeiten können … viele erzieherische Aufgaben übernehmen … Schultaschen wiegen … mit schwierigen Schülern umgehen … nicht während der Schulzeit krank werden … dich durchsetzen können … an Fortbildungen teilnehmen … dich für Schulentwicklung interessieren … kollegial sein … die Schüler mögen … immer fördern … an Eltern rankommen, die nicht wollen … Sozialarbeiterin sein … Elternabende gut organisieren …«

Nach fünf Minuten wird abgebrochen, obwohl der Gruppe noch viel mehr einfallen würde. Die Kollegin in der Mitte ist froh: »Ich bin ganz müde. Das hat mich richtig erschöpft. Das Gefühl kenne ich. Mehr hätte ich nicht mehr ausgehalten.«

Grenzenlos in den Burn-out

> Viele Lehrer/-innen erleben die Anforderungen, die ihr Beruf an sie stellt, als grenzenlos.

Von Lehrerinnen und Lehrern wird sehr viel erwartet und sie tragen schwer an dieser Last. Die endlose Liste an Aufgaben (siehe oben) macht deutlich, wie grenzenlos die Aufgabenfülle ist und wie hoch der eigene Anspruch sein kann, alles bewältigen zu wollen.

Studien belegen, dass bei 29,3 Prozent der Lehrer/-innen eine

Burn-out-Gefährdung vorliegt, das ist mehr als in jeder anderen Berufsgruppe. Weitere 33 Prozent gefährden ihre Gesundheit dauerhaft durch Selbstüberforderung und laufen Gefahr, bald ebenfalls auszubrennen (Schaarschmidt/Kieschke 2007, S. 22 f.). Das heißt, dass 62,3 Prozent der Lehrer/-innen stark gesundheitsgefährdet sind: »Der Vergleich mit anderen Berufsgruppen gibt zu erkennen, dass für die Lehrerschaft die problematischsten Verhältnisse bestehen. Für sie liegt der höchste Anteil der Risikomuster vor« (Schaarschmidt/Kieschke 2007, S. 24). Bei Frauen sind die Risikomuster sogar noch ausgeprägter.

Es ist also eine Tatsache, dass erschreckend viele Lehrer/-innen unter Erschöpfung leiden, in Folge derer sie oft aus gesundheitlichen Gründen vor der normalen Altersgrenze aus ihrem Beruf ausscheiden.

> »Eine wesentliche Rolle wird dabei psychosozialen und psychomentalen Arbeitsbelastungen (Stress am Arbeitsplatz, Betriebsklima, Arbeitsorganisation, Kommunikationskultur) zugeschrieben. Neuere methodisch valide Längsschnittuntersuchungen legen einen Zusammenhang zwischen negativem beruflichen Stress (mangelhafter Unterstützung und defizitären Bewältigungsstrategien) und dem Auftreten psychischer Störungen, insbesondere depressiver Syndrome, nahe« (Weber/Weltle/Lederer 2004, S. A858).

Der Lehrerberuf bietet immense Möglichkeiten – aber durch seine Grenzenlosigkeit eben auch Möglichkeiten der Belastung. Häufig fühlen sich Lehrer/-innen den alltäglichen Aufgaben nicht gewachsen. Sind sie nicht zu 100 Prozent fit, ist der Arbeitsalltag noch schwieriger: In therapeutischen Praxen und psychosomatischen Kliniken findet man viele Lehrer/-innen mit Erkrankungen des Herz-Kreislauf-Systems, mit Ängsten, Depressionen und Burn-out-Syndrom, manchmal gekoppelt mit Härte und Zynismus, die sich als Folge der Hilflosigkeit und Überforderung im Umgang mit den alltäglichen Aufgaben entwickelt haben. Vielfach leben Lehrer/-innen mit dem Druck, Probleme und Schwächen nicht zugeben zu dürfen, da Reaktionen wie »Bei mir macht die Klasse keine Probleme, ich weiß gar nicht, was du hast« leider nicht selten sind.

Lehrer/-innen arbeiten in einem Beruf, der in vielerlei Hinsicht keine Grenzen hat. Man könnte nun vermuten, dass dies zu einem großen Pool an Möglichkeiten führt, konstruktiv mit dieser Offenheit umzugehen. Denn Grenzenlosigkeit bedeutet ja erst einmal eine große Freiheit im Umgang mit den zur Verfügung stehenden Kapazitäten. Aber oftmals mündet diese Freiheit in Erschöpfung und chronischer Überlastung.

Wie zeigt sich die Grenzenlosigkeit? Lehrer/-innen müssen immer wieder Entscheidungen treffen, z.B. im Hinblick auf

- den Umfang der *Suche nach Unterrichtsmaterialien:* Lehrer/-innen können sich auf die vielfältigsten Arten informieren – über Internet, Bücher, Bildungsserver oder durch den Austausch mit Kolleg/-innen. Sie können und sollten ihre Materialien aktualisieren, denn weder für Lehrer noch für Schüler ist es interessant oder motivierend, immer wieder mit demselben Material zu arbeiten. (Man kann nun stundenlang im Netz suchen, unzählige Bücher bestellen und dann erschöpft vor der Materialfülle sitzen und immer noch keine Entscheidung getroffen haben, was man braucht und was nicht);
- die besten und geeignetsten *Unterrichtsmethoden*, bei denen es zu entscheiden gilt, was zu wem passt;
- ihr Engagement bezüglich *Elternarbeit* und *Kontakt zu den Schüler/-innen:* Welche Informationen, welche Gespräche sind wichtig und sinnvoll, was ist zu viel? Was ist wirksam, was kontraproduktiv?;
- ihre Mitwirkung an schulischen *Arbeitskreisen* – dem Engagement sind keine Grenzen gesetzt;
- die Intensität der *Klassenleitung*, z.B. Elternstammtische, Klassenaktivitäten, um die eigenen Schüler/-innen besser kennen-

zulernen, Häufigkeit der Elternabende und Schullaufbahnbesprechungen oder Zeit für Problemklärung;

- ihr *Kontaktverhalten* zu ihren Mitmenschen: Wie geht man gut mit der Fülle der tagtäglichen Kontakte um? Sowohl im Klassenzimmer als auch mit Kollegen …

Grenzenlosigkeit	**zu enge Grenzen**
• »Eltern dürfen jederzeit bei mir anrufen. Dafür bin ich da. Ich tausche mich regelmäßig aus und will, dass sie über alles schnell informiert sind.« – Frau Weber macht Rundmails einmal pro Woche an alle Eltern, nimmt Telefonate auch morgens um 6 oder samstags/sonntags um 22 Uhr an – zwar seufzend, aber sie sieht es als ihre Pflicht an. • »Ich komme klar. Ich frage mich nicht, ob das gut geht. Augen zu und durch habe ich mir vorgenommen.« – Herr Fischer bekam direkt nach dem Zweiten Staatexamen eine volle Stelle mit Klassenleitung, dazu wurde er zur Mitarbeit in zwei Arbeitskreisen aufgefordert und gebeten, die Co-Leitung bei der Streitschlichter-AG zu übernehmen. »Zu den Streitschlichtern hatte ich Lust. Bei den anderen Sachen darf ich doch nicht direkt Nein sagen, kommt nicht gut bei der Schulleitung. Nachher kriege ich Probleme mit der Verbeamtung.«	• »Elternarbeit sehe ich doch nicht ein. Wer was will, soll sich melden. Ist doch oft ein gutes Zeichen, wenn ich die Eltern nicht kennenlernen muss.« • »Was interessiert es mich, wie es den Schülern geht. Dafür sind die Eltern zuständig. Ich will nur meinen Stoff durchkriegen.« • »Um halb zwei habe ich keine Zeit mehr für eine Konferenz. Ich muss mit meiner Fahrgemeinschaft pünktlich weg.« • »Ich komme nur mit den wirklich guten Schülern klar. Die anderen sind hier sowieso falsch und das sage ich ihnen auch deutlich.«

Unklare Grenzen können sich in verschiedene Richtungen auswirken, wie diese Übersicht gezeigt hat.

Weitere typische Beispiele von Grenzenlosigkeit oder völlig unklaren Strukturen im Schulalltag:

- Viele Schulleiter/-innen legen immer noch *Konferenzen ohne Zeitrahmen* fest. Niemand weiß, ob die Konferenz um 16, 18 oder 20 Uhr endet.
- Schulleiter oder Gesprächsleiter gehen *ohne Wissen über Moderationstechniken* in Besprechungen. Deshalb schätzen sie nicht nur den *Zeitbedarf* falsch ein, sie können Diskussionen oft nicht professionell leiten und strukturieren. So überfordern sie sich selbst und die Besprechungsteilnehmer, und alle gehen müde aus der Runde.

»Was war es für mich eine Erleichterung, als ich zum ersten Mal die Moderation abgegeben habe. Meine Kollegin hatte die Zeit und die Diskussionsbeiträge total im Griff, was mir nie gelingt. Ich konnte mich ganz auf die Inhalte konzentrieren ... Ich hab's halt so gemacht, wie ich es immer erlebt habe – was habe ich mir alles aufgeladen!«
Ein Schulleiter, 55

- Viel zu häufig kommt es vor, dass Lehrer sechs Stunden Unterricht haben und danach noch in eine kurzfristig anberaumte *Klassenkonferenz* müssen – wieder ohne Zeitrahmen. Sie haben sich aber z.B. schon vor Wochen nachmittags mit der eigenen Klasse und einigen Eltern verabredet, um den Klassenraum endlich mal zu streichen, weil die Schüler/-innen sich das gewünscht haben. Zusätzlich haben sie noch versprochen, nach der Klassenaktion abends bei einem Kollegen auf dessen Elternabend vorbeizuschauen, um sich dort als neuer Englischlehrer vorzustellen. Mehr oder minder murrend arbeiten sie den Tag ab und melden sich im schlimmsten Fall am nächsten Tag erst einmal krank.

Hinter diesen Beispielen verbergen sich Haltungen, Verhaltensweisen und Situationen, die dazu führen, dass die Waage (zu) stark in

Richtung Belastung ausschlägt. Auch das System Schule selbst trägt dazu bei, d.h.: Lehrer/-innen müssen auch systemimmanente Gegebenheiten ertragen, die eine Wirkung hinterlassen.

»Als Musiklehrerin unterrichte ich fast alle Klassen der Schule mit ein bis zwei Stunden Musik pro Woche, d.h.: Ich habe rund 400 Schüler, deren Namen ich lernen muss. 400-mal Dokumentation, Noten eintragen und vor allem die Schüler kennenlernen, um sie einigermaßen fair beurteilen zu können. Viele Namen kenne ich zum Halbjahr immer noch nicht. Wenn dann durch Feiertage noch Stunden ausfallen, sehe ich manche Klassen überhaupt nicht regelmäßig. Das ist für die Schüler schlecht und für mich sehr anstrengend. Die tanzen mir doch auf der Nase rum und mir fehlen sogar die Namen dazu. Deshalb rege ich mich ja so auf!

Wie oft habe ich meinen Chef gebeten, mir auch fachfremden Unterricht zu geben! Ich qualifiziere mich dafür auch gerne weiter. Ich hätte Lust dazu, weil ich dann mal mit mehr Stunden in einer Klasse sein könnte und dadurch auch bessere Möglichkeiten hätte, die Schüler wirklich kennenzulernen. Aber er sagt, er bräuchte mich in Musik. Was nützt mir da mein Interesse an besserem Unterricht? Ich kann so nicht weiter!«
Maria, Musiklehrerin, 44

Gerade ein Beruf, der Kindern und Jugendlichen Orientierung vermitteln und ihnen durch klare Strukturen Halt und Sicherheit bieten soll, damit sie sich innerhalb dieser »Leitplanken« entwickeln, kämpft selbst massiv mit den eigenen, oft nicht vorhandenen Grenzen – und den manchmal sehr rigiden und unveränderbar wirkenden des Systems Schule.

Das richtige Maß zu finden im Umgang mit den Aufgaben ist ein erster Ansatz. Viele Aufgaben bereiten Freude und »machen Sinn«, aber die Summe der Möglichkeiten treibt Lehrer/-innen schnell an Belastungsgrenzen. Deshalb ist es wichtig, dass Sie sich bewusst machen, auf welche Gegebenheiten Sie Einfluss nehmen können (und wie dies professionell möglich ist) und mit welcher Haltung Sie den hinzunehmenden Anteilen Ihres Berufes begegnen, um keine kostbare Energie zu verschwenden.

Peter Thulke, in: Psychologie heute compact, Nr. 16, 2007

Was erschöpft im Lehrerberuf?

> »Nur noch 79 Tage bis zu den Sommerferien ...!«
> *Lehrerzitat am ersten Tag nach den Osterferien*

Klassengröße
Wer behauptet, es mache keinen Unterschied, ob man 30 oder 20 Schüler/-innen unterrichtet, sollte es einfach mal ausprobieren.

Lärmbelastung
... auf den Fluren, vor Unterrichtsbeginn und oft auch im Unterricht, in der Pause, wenn Pausenhöfe zu klein sind, bei großen Lehrerkollegien auch im Lehrerzimmer.

Zeitdruck
Dienstbesprechungen, Klassenkonferenzen, Gesamtkonferenzen, Eltern- und Schülergespräche, Klassenarbeiten, Korrekturfristen, Vergleichsarbeiten, Referendare mit Lehrprobenvorbereitung und entsprechenden Fristen, Projektvorbereitungen, kurzfristige neue Termine, Zeugniskonferenzen ... Die Terminfülle, die man selbst kaum beeinflussen kann, führt zu chronischer Reizüberflutung und dem Gefühl des Ausgeliefertseins.

Hohe Flexibilität
Neben der vorgegebenen Tagesstruktur muss auf viele akute Situationen reagiert werden, die oft eine sofortige Entscheidung erfordern: Streit schlichten, sich um Verletzungen kümmern, Eltern stehen ohne Termin vor dem Klassenzimmer, das Klassenbuch ist verschwunden, ein Referendar braucht dringend Hilfe, kurzfristiger Vertretungseinsatz statt eingeplanter Freistunde zum Kopieren ... Nicht auf alles Überraschende muss eingegangen werden, aber auch Terminvereinbarungen und das Neinsagen brauchen ihre Zeit: »Geht jetzt nicht«, »Nachher in der Pause«, »Frag mich morgen noch mal«, »Tut mir leid, ich rufe Sie an und wir machen einen Termin aus«, »Wie soll ich Sportvertretung machen ohne Schlüssel für die Halle, wo ist stattdessen ein freier Klassenraum?«

»Ich *muss* noch …«
Viele Lehrer/-innen rutschen in eine Opferhaltung, die das Gefühl der Erschöpfung verstärkt. Sie gehen durch den Schulalltag wie mit einer (gefühlten) schweren Kugel am Bein, die das Gehen behindert. Der Schulalltag wird dann als Last und Beschwernis erlebt, die auch die Freude an vielen kleinen Dingen und Erlebnissen überlagert.

»Fordernde« Eltern
… die unter anderem aus Sorge um den Schulerfolg ihres Kindes der Schule Druck machen und Lehrer/-innen immer schneller angreifen. Dies führt zu schwierigen Gesprächen und hohen Anforderungen an die Gesprächsführung, denen sich Lehrer/-innen häufig nicht gewachsen fühlen.

Zunahme der Verhaltensauffälligkeiten
… bei Kindern und Jugendlichen – bei gleichbleibenden Klassengrößen

Fehlende Erholungspausen
Gerade in Pausen findet viel Austausch über Probleme statt, sodass die Pausen nicht als Erholungspausen erlebt oder genutzt werden. Oft stellt die Pause das einzige Zeitfenster für kurzfristige Absprachen dar.

Erschöpfungssymptome werden verdrängt
… da auf Lehrer/-innen der Druck lastet, nicht auch noch während der Schulzeit krank zu werden. Im Gegensatz zu anderen Berufen besteht aber keine Möglichkeit, sich z. B. durch einen kurzfristigen Urlaub aus der Arbeit herauszuziehen, um tiefere Erschöpfung und eine nahende Erkrankung zu vermeiden.

Platzmangel und fehlende Rückzugsmöglichkeiten
... außerdem zu wenig Platz für das Schulmaterial, da man ja im Lehrerzimmer keinen wirklichen Arbeitsplatz hat. Wer sich eingeengt fühlt, wird schneller aggressiv, ob im überfüllten Lehrerzimmer oder im zu kleinen Klassenraum. Schulleiter/-innen haben eigene Büros, aber Lehrer/-innen können sich der Enge in manchmal viel zu kleinen Lehrerzimmern nicht entziehen.

»Uns hat man das Lehrerzimmer weggenommen und einen Klassenraum daraus gemacht – um Kosten zu sparen. Wir können jetzt zusehen, wo wir bleiben, müssen uns in der Küche treffen oder schleppen alles, was wir für Besprechungen brauchen, in einen jeweils freien Klassenraum.«
Eine Grundschullehrerin

Fehlende Fürsorge und Wertschätzung durch die Schulleitung
– eine Klage vieler Lehrer/-innen

Überhaupt zu wenig Anerkennung zu bekommen

Zu wenig Zeit für Informationsaustausch
Der manchmal fehlende Informationsfluss führt zu Problemen, Missverständnissen und zeitintensivem Klärungsbedarf (Bsp.):

- »Wer bist du denn? Ach, ein neuer Schüler – schön, dich kennenzulernen!«
- »Wo ist denn Max? Wie, abgemeldet? Seit wann?«
- »Kollegiumsausflug? Wann? Na ja, ich bin ja nur Honorarkraft, werde deshalb wohl nicht eingeladen.«

Unbefriedigende Gesprächsführung untereinander
... bedingt durch den Zeitdruck. Alles muss schnell besprochen werden, da es ja gleich wieder zur nächsten Stunde schellt. Zudem ist die Wahrnehmung des eigenen Verhaltens nicht geschult; schließlich gehört sie nicht zu den Inhalten der Lehrerausbildung.

Dies führt dazu, dass andere und deren Gespräche oft rücksichtslos unterbrochen werden – ohne dass der Verursacher dies bemerkt oder die Absicht hätte, sich rücksichtslos oder unhöflich zu verhalten. Häufig werden Gespräche auch ohne Abschluss beendet: Oft wird ein Gesprächspartner einfach stehen gelassen, weil man sich durch die Vielzahl der zu regelnden Punkte direkt dem nächsten Kollegen zuwendet, diesen einfach anspricht, vielleicht sogar dessen Gespräch unterbricht …

Gefühl der Ohnmacht und Hilflosigkeit
Es fällt manchmal schwer zu sehen, wie schlecht versorgt und umsorgt manche Schüler/-innen sind. Gerade wenn Lehrer/-innen Verständnis für manche Verhaltensauffälligkeit haben und helfen wollen, spüren sie großen Frust über die manchmal geringen Unterstützungsmöglichkeiten und Hilfsangebote.

Der hohe Erwartungsdruck durch

- die Gesellschaft (»80.000 Jugendliche pro Jahr ohne Schulabschluss dürfen nicht sein!«),
- sich selbst – viele Lehrkräfte erwarten grenzenlos viel von sich selbst –,
- die Eltern (»Mein Kind muss unbedingt Abitur machen!«) oder
- die Schulbehörden: »Kein Kind soll künftig sitzen bleiben, es liegt nur an der richtigen Förderung.«

Überstunden
Wann sind persönliches Engagement oder intensive Unterrichtsvorbereitung Überstunden, wann nicht? Arbeitsleistungen, die über die allein dokumentierten Unterrichtsstunden hinausgehen, können ausufern oder auch heruntergefahren werden, ein verbindliches Maß gibt es nicht.

Das Ankämpfen gegen Lehrerimage und Vorurteile
Vielleicht sieht der Nachbar den Lehrer nachmittags in der Sonne im Garten sitzen – aber nicht, dass dieser eine Deutscharbeit korrigiert und noch drei weitere im Haus liegen hat.

Vorgegebene starre Strukturen
Als Lehrer/-in hat man wenig Einfluss auf Arbeitseinteilung und Stundenplan.

Veränderung über Veränderung
... in der schulpolitischen Landschaft. Viele Arbeitsgruppenergebnisse sind nur bis zur nächsten Wahl von Bedeutung. Das nährt bald das Gefühl der Sinnlosigkeit gegenüber dem eigenen Tun.

Ein grundlegender Lösungsansatz für den Lehrerberuf liegt deshalb darin, eine gesunde Balance zu finden zwischen dem aktiven Mitgestalten der eigenen Lebens- und Berufssituation und dem Ertragen von Gegebenheiten, an denen erst einmal nichts zu ändern ist (wie z. B. die schulische Raumsituation, Klassengrößen oder die Vorgabe von Unterrichts- und Ferienzeiten).

Nur wer selbst einen inneren Halt hat, kann immer haltloser werdenden Kindern und Jugendlichen ein Vorbild oder Wegbegleiter sein. Auch deshalb ist es wichtig, ein Bewusstsein dafür zu entwickeln, wie man konstruktiv mit den Anforderungen in diesem Beruf umgeht.

Abgrenzung statt Grenzüberschreitung

»Gestern hatte ich ein furchtbares Gespräch mit einem Vater. Der hat mich fast körperlich angegriffen und in einem ganz süffisanten Ton total niedergemacht. Ich habe immer wieder versucht, ihn zu beruhigen. Es war einfach nur furchtbar. Ich kann aber doch so ein Gespräch nicht einfach abbrechen.«
Eine Lehrerin, 35

Es hat den Anschein, als ob es vielen Lehrerinnen und Lehrern schwerfällt, die eigenen Grenzen zu spüren und sie dann auch zu achten und danach zu handeln. Vielen fällt es sehr schwer, »Nein!« zu Anforderungen zu sagen und eigene Positionen offen zu vertreten, sich also ein Stück autonomer zu verhalten – mit dem Ziel: »Ich habe Grenzen und ich *darf* auch Grenzen haben. Ich mache keine schlechtere Arbeit, nur weil ich auf mich achte.«

Das führt dazu, dass man sich im Schulalltag vielen Dingen ausgeliefert fühlt, als Opfer der Umstände, des eigenen Berufs und der vielen Aufgaben. Viele Lehrer/-innen spüren die Bleikugel am Bein und erleben manche Situationen auch als Gewalt gegen sich selbst – weil sie sie ertragen müssen, obwohl sie mit ihren Handlungsmöglichkeiten am Ende sind, denn sie können den Unterricht ja nicht einfach verlassen. Bekommt man z.B. die Gruppendynamik in einer Klasse nicht in den Griff, kann es zu einem erschöpfenden Gefühl des Ausgeliefertseins kommen:

Frau M. (52), eine humorvolle, lebensfrohe und sehr engagierte Lehrerin, sieht montags trotz interessanter Unterrichtsplanung ihre Felle davonschwimmen: Die Neuntklässler sind nicht in der Lage, sich zu konzentrieren, die Unruhe ist groß und sehr belastend. Alle Möglichkeiten, die Frau M. probiert, klappen höchstens fünf Minuten. Sie ist flexibel und probiert andere Ideen aus, immer mit dem Ziel, die Schüler/-innen zu erreichen. Aber die sind desinteressiert, lustlos und immer provozierender. Sie verweigern sich, unterhalten sich untereinander, erzählen sich von ihren Wochenendunternehmungen und ignorieren Frau M. Erschöpft, frustriert und persönlich getroffen geht diese nach der Stunde aus der Klasse und benötigt mehrere Stunden am Nachmittag, um sich von diesem Erlebnis zu erholen.

Auffallend ist auch, dass die Achtung von Grenzen im Schulalltag offensichtlich nicht gewünscht ist oder dies nicht als Kriterium im zwischenmenschlichen Umgang gesehen wird:

Als einer Schulleiterin die Einführung von Mentoren als Helfer für neue, berufsunerfahrene und gerade anfangs völlig überforderte Kolleg/innen vorgeschlagen wurde, lehnte sie belustigt und verständnislos ab: »Blödsinn, ich bin vor 20 Jahren auch ins kalte Wasser geworfen worden. Das war zwar schlimm, aber da muss man halt durch.«

Grenzen werden schnell abgewertet. Stellen wir uns einmal vor, dass ein Lehrer in einer Dienstbesprechung mitteilt: »Ich arbeite sehr gerne in meinem Beruf, aber seit letztem Jahr überfordert mich die Terminfülle. Ich möchte nicht krank werden und deshalb fragen, ob es anderen ähnlich geht und wir nicht mal alle gemeinsam überlegen können, ob Termine gestrichen oder zusammengelegt werden könnten?« – verschiedene Reaktionen sind denkbar (siehe die folgende Übersicht):

<table>
<tr><th>Respekt vor Grenzen</th><th>Abwertung von Grenzen</th></tr>
<tr><td>Herrscht eine wertschätzende Diskussionskultur an einer Schule, sollte ein solcher Vorschlag kein Problem sein und zu einer fruchtbaren Auseinandersetzung mit Entscheidungsfindung führen.
• »Wer sieht das ähnlich?«
• »Welche Termine könnte man straffen?«
• »Was könnte zusammengelegt werden?«
• »Gibt es Termine, die völlig gestrichen werden könnten? Und wenn ja, warum? Oder warum besser nicht?«
• »Oder sollten wir besser einen regelmäßigen Konferenztag festlegen, uns also häufiger, aber dafür kürzer zusammensetzen?«</td><td>Es gibt aber immer wieder Lehrer/-innen, die mit solchen Vorschlägen schlechte Erfahrungen machen und Antworten erhalten wie z. B.:
• »Sie haben einen sicheren Beruf, seien Sie dankbar dafür.«
• »Sie haben so viele Ferien, das geht eben nicht anders.«
• »Jetzt jammern Sie mal nicht, ich habe danach noch zwei Stunden Schulelternbeiratssitzung und kein Problem damit.«
• »Wir können nicht das Projekt von Herrn XY aufgeben, dann ist der zutiefst beleidigt.«
• »Unsere Dienstbesprechungen sind bereits gestrafft, da brauchen wir gar nicht drüber zu reden.«
Dazu schweigen große Teile des Kollegiums, bieten keine Unterstützung, selbst wenn sie genauso denken und dies in privaten Gesprächen auch mitteilen. Offen wollen sie aber nicht Stellung beziehen.</td></tr>
</table>

Die fehlende Achtung vor persönlichen Nöten und Grenzen führt dazu, dass Lehrer/-innen unter den Druck kommen, grenzüberschreitendes Verhalten als normal hinzunehmen – es erscheint akzeptierter als das berechtigte Interesse, auf sich zu achten und sich abzugrenzen, wenn die eigenen Grenzen erreicht sind: »Das ist mir zu viel. Ich brauche mittags wenigstens mal 30 Minuten Pause!« oder »Ich verstehe Ihre Sorge um Ihr Kind, aber ich breche das Gespräch jetzt ab, weil ich in dieser Atmosphäre voller Beleidigungen nicht mehr mit Ihnen sprechen kann und will. Ich bitte Sie, jetzt zu gehen.«

Ist Krankheit die einzige Grenze, die notgedrungen an Schulen akzeptiert wird?

Darf es sein, dass man Grenzen einfordert? Oder darf man sich nur durch Krankheit entziehen? Menschen mit autonomerem und freierem Denken scheinen im Arbeitsfeld Schule auf Widerstände zu stoßen. Gemeint sind hier nicht die Negativbeispiele von Lehrerinnen und Lehrern, die ihren Beruf nur »auf Sparflamme« ausüben, sich vielem entziehen und sich schon in der inneren Emigration oder stillen Sabotage befinden. Ich frage dies vielmehr gerade im Hinblick auf die vielen engagierten Lehrkräfte, die aber auch gegen das Ausbrennen ankämpfen.

Wegweiser

- Wenn Sie bereits unter lang anhaltender Erschöpfung leiden, nehmen Sie Hilfe in Anspruch, z. B. durch den schulpsychologischen Dienst, durch kollegiale Beratung, Supervision oder Psychotherapie, bei Bedarf auch durch den Hausarzt, einen Kur- oder Klinikaufenthalt. Vor allem – gestehen Sie sich Ihren Hilfebedarf ein!
- Werden Sie aktiv für sich selbst! Begeben Sie sich auf Ursachenforschung und finden Sie heraus, was sich hinter Ihrer Erschöp-

fung verbirgt, z.B. berufliche Unzufriedenheit, Überforderung oder private Krisen.

- Zahlreiche Informationen zur Lehrergesundheit finden Sie im Internet unter www.add.rlp.de/Schulen/Projekt-Lehrergesundheit/Publikationen-und-Handlungshilfen.

Zum Weiterlesen

Hagemann, W. (2003): Burn-Out bei Lehrern. München: Beck.

Hell, D. (2004): Welchen Sinn macht Depression? 10. Auflage. Reinbek bei Hamburg: Rowohlt.

Kast, V. (2007): Abschied von der Opferrolle. 8. Auflage. Freiburg: Herder

Schaarschmidt, U. (Hrsg.) (2005): Halbtagsjobber? Psychische Gesundheit im Lehrerberuf – Analyse eines veränderungsbedürftigen Zustandes. 2. Auflage. Weinheim/Basel: Beltz.

Schaarschmidt, U./Kieschke, U. (Hrsg.) (2007): Gerüstet für den Schulalltag. Psychologische Unterstützungsangebote für Lehrerinnen und Lehrer. Weinheim/Basel: Beltz.

Tausch, R. (1993): Hilfen bei Stress und Belastung. Reinbek bei Hamburg: Rowohlt.

Weber, A./Weltle, D./Lederer, P. (2004): Frühinvalidität im Lehrerberuf. Sozial- und arbeitsmedizinische Aspekte. In: Deutsches Ärzteblatt, J. 101, H. 13, S. A858

2 Leistungssystem Schule

Kati (17) ist verzweifelt. Wieder hat sie nur vier Punkte in Englisch zurückbekommen. Sie lernt zu Hause leicht und regelmäßig, fühlt sich jedoch in Prüfungssituationen immer blockierter. Sie hat Angst, das Abi nicht zu schaffen.

»Die Parallelklassen unserer Tochter sind mit dem Mathestoff alle weiter als Sie in Ihrem Unterricht. Wir haben Angst, dass Hanna den Wechsel aufs Gymnasium nicht schafft, weil sie durch Ihren Unterricht viel zu große Lücken hat.«

Rainer F. (32), der Mathelehrer, kommt durch diesen Elternvorwurf ins Schwitzen, da er dieses Problem in seiner 10. Klasse selbst sieht.

Selbstdefinition durch Leistung

Von klein auf kennen wir Schule – ein System, das gute Leistungen belohnt und schlechte Leistungen oftmals aussortiert. Damit ein Kind auf dem Gymnasium bleiben kann, muss es bestimmte Anforderungen erfüllen. Schafft es diese auf Dauer nicht, erlebt es die Bandbreite zwischen schlechtem Zeugnis und Sitzenbleiben bis hin zum Schulwechsel auf die Real- oder Hauptschule. Man wurde und wird gemessen an seiner Leistung.

Heute steht offiziell der Fördergedanke stärker im Vordergrund, aber wirklich grundlegend hat sich nichts verändert. Schule beurteilt und bewertet. Und auch Lehrer/-innen tun unbewusst vieles, um keine »schlechten Noten« zu bekommen, sowohl den Schülern gegenüber als auch – noch wichtiger – im Hinblick auf Schulleitung und Eltern.

> Denken ist wundervoll, aber noch wundervoller ist das Erlebnis.
> *(Oscar Wilde)*

Und gute Leistungen, Erfolge tun ja auch gut und setzen ungeahnte Kräfte frei. Wer erinnert sich nicht gerne an die erste Eins in Mathe nach schwierigen Zeiten, an den zweiten Platz auf dem Siegertreppchen im Volleyball mit der Schulmannschaft oder an den Applaus nach einer gelungenen Aufführung der Theater-AG?

Gute Leistungen und das *Erleben* von emotional berührenden Momenten bleiben uns immer positiv in Erinnerung. Gute Leistungen steigern das *Selbst*wertgefühl, geben Kraft und Vertrauen in das eigene Leistungsvermögen. Schlechte Leistungen dagegen – und sei es nur in einigen Fächern – können die schulische Laufbahn sehr steinig werden lassen und viel Leidensdruck bei Kindern verursachen, der sie manchmal schleichend über ihre ganze Schulzeit hinweg begleitet.

Erfolg wird oft an Schulnoten gemessen. Kinder, die die gewünschten Leistungen nicht erbringen können, müssen mit ständigen Misserfolgserlebnissen fertigwerden.

Wird der eigene Wert nur über gute Noten definiert, dann lernen Kinder schnell, dass sie nur unter dieser Voraussetzung beachtet werden und als wertvoll erscheinen: *Ich bin wertvoll. = Ich leiste und habe gute Noten.* – eine für viele Kinder verhängnisvolle Verknüpfung. Denn jeder Mensch besteht aus viel mehr als seiner Leistung und sollte sich nicht ausschließlich darüber definieren bzw. definiert werden. Er hat zunächst einmal einen Wert an sich, einfach deshalb, weil es ihn gibt.

Fatalerweise werden schlechte Leistungen (schon emotional ist das Wort »schlecht« ganz anders besetzt als »gut«) oft auch heute noch mit persönlicher Abwertung gekoppelt, wie die folgende Sammlung typischer Lehrersprüche zeigt – es gibt wohl kaum jemanden, der nicht auch Sprüche aus seiner eigenen Kindheit beitragen könnte.

»Du nimmst den anderen hier die Luft weg.«
»Mit den Noten wird sowieso nichts aus dir.«
»Du bist genauso schlecht wie dein Vater.«
»Dein Niveau reicht noch nicht mal für die Hauptschule.«

Abhängigkeit und Autonomie

Natürlich versuchen die meisten Lehrer/-innen, Schüler aufzubauen und ihnen Wege aufzuzeigen, wie sie sich verbessern können. Aber jeder Lehrer lebt mit der Erfahrung, auch ein Schüler gewesen zu sein, mit all den schulischen Erfahrungen, die dazu gehören. Und genau dieser Schüler sitzt jedem Lehrer noch in den Knochen. Jetzt steht dieser ehemalige Schüler selbst vor der Klasse und ist in Gefahr, alte, vertraute »Schülergefühle« in seine Arbeitshaltung zu integrieren.

Sofern ihm dies nicht ins Bewusstsein rückt, wiederholen sich alte Mechanismen und Einstellungen: Manch ein Lehrer verhält sich seinem Schulleiter gegenüber wie der kleine Schüler, der er selbst einmal war, hofft auf ein Lob, möchte »gut« sein und viel dafür tun, um dieses Ziel zu erreichen. Oder er lässt Schwächen unter den Tisch fallen bzw. kann auch als Erwachsener nicht zu diesen stehen, drückt sich davor, Verantwortung für sein Verhalten zu übernehmen, und traut sich nicht mit Ansichten und Aktionen ans Licht, von denen er nicht sicher ist, ob die Schulleitung sie gutheißt oder akzeptiert.

Wenn sich Schulleitungen dieser Dynamiken nicht bewusst sind und sie diese vielleicht noch anheizen, indem sie dem Kollegium gegenüber wenig Wertschätzung zeigen, kann dies fatale Folgen haben: Vielfach konnte ich beobachten, dass Lehrer/-innen an ihrer Schule grundsätzlich »gut« sein möchten, aber die eigenen Schulerfahrungen noch nicht genügend reflektiert haben. In vielen Lehrerkollegien herrscht deshalb Schweigen und die Dominanz einer kleinen wortreichen Gruppe. Es fehlt eine konstruktive Konflikt- und Diskussionskultur, stattdessen werden viel zu schnell Machtkämpfe inszeniert.

Häufig kommt es auch vor, dass im kleinen Kreis viel geredet und manchmal lautstark Position bezogen wird. In großer Runde, im Beisein der Schulleitung, fällt es vielen aber schwer, sich mit ihrem Standpunkt zu zeigen oder Kollegen bei Konflikten zu unterstützen. Es ist erstaunlich, wie groß oft die Angst zu sein scheint, die eigene Meinung klar und offen zu vertreten. Der innere Konflikt, der sich dahinter verbirgt, basiert auf Selbstwertproblemen und den noch unreflektierten Kindheitserfahrungen mit Schule oder Autoritäten im Allgemeinen – im Grunde geht es um den unbewussten Umgang mit Abhängigkeit und Autonomie.

Abhängigkeit: unbewusste Haltung	**Autonomie: bewusste, reflektierte Haltung**
• Ich passe mich an, zeige keine Mängel, keine Schwächen, sage nicht Nein. Dafür hoffe ich, gelobt und gesehen zu werden, meinen Wert zu steigern. • Ich habe Angst, etwas nicht zu können, nicht zu genügen – dadurch auch eine verstärkte Angst vor Veränderungen, somit ein großes Sicherheitsbedürfnis. (Mancher berufserfahrene Lehrer wurde schon vor neuen Projekten krank, um z. B. Teamteaching oder Gruppenarbeiten in nicht vertrauten Gruppierungen zu vermeiden.) • Ich ordne mich der Schulleitung unter, passe mich an und zeige nicht, was ich denke. Zu vielem habe ich keine eigene Meinung. • Ich ertrage viel und versuche nicht zu spüren, dass mir etwas zu viel ist. Ich zeige mich belastbar und leistungsfähig, damit gesehen wird, dass ich eben doch gut bin (= Note 1). • Ich gehe oft mit einer inneren Opferhaltung an Aufgaben heran, mit dem Gefühl der Überforderung und der bangen Frage: Was muss ich denn jetzt noch alles machen? → ***Ich muss …***	• Ich nehme mich wahr und achte (auf) mich. Ich lerne gerne hinzu. • Ich sorge gut für mich. Ich spüre und achte meine Grenzen und nehme auch Dinge hin, die ich nicht ändern kann – entscheide mich aber bewusst dafür. Ich registriere z. B. einfach, dass meine Schulleitung wenig Wertschätzung für das Kollegium zeigt und niemanden aus dem Kollegium für die gute und sehr arbeitsintensive Projektwochengestaltung lobt. Bei Bedarf teile ich meinen Standpunkt aber offen und ohne Groll mit. Denn weil ich vieles an meinem Beruf schätze, komme ich auch mit Defiziten anderer zurecht. • Ich gebe Probleme zu, bitte um Hilfe oder frage nach Unterstützungswegen, ohne mich dadurch schwach und inkompetent zu fühlen. → ***Ich will …***

<table>
<tr><th colspan="2">Beispiel: Verschiedene Möglichkeiten des Umgangs mit dem Problem, dass ein Schulleiter nicht grüßt und an Personen vorbeigeht, ohne sie eines Blickes zu würdigen</th></tr>
<tr><td>• Ich fühle mich sehr abhängig vom Verhalten meines Schulleiters. Ich fühle mich wie der letzte Depp, weil mein Schulleiter mich noch nie gegrüßt hat, seit ich hier arbeite. Das zeigt mir doch, dass er nichts von mir hält. Dabei gebe ich mir so viel Mühe, dass die Probleme mit meiner Klasse nicht zu ihm vordringen, dass ich alles allein geregelt kriege.
• Ich beschwere mich bei anderen, sage ihm nichts, gehe ihm aber aus dem Weg.

⇓

Dahinter verbirgt sich die unbewusste Haltung »Ich möchte anerkannt und geliebt werden«. Dies führt zu einer Mutter-/Vater-Übertragung auf die Schulleitung. Diese Übertragung aktiviert einen alten Mangel (»Bin ich wertvoll, werde ich gemocht?«), der kindliche und damit unerwachsene Verhaltensweisen verstärkt und dem Gegenüber, in diesem Fall der Leitungsperson, viel zu viel Macht über den persönlichen Wert gibt. Lehrer/-innen mit dieser Haltung machen sich klein und »wachsen« immer erst dann, wenn sie von anderen gesehen werden. Sie machen sich grundlegend abhängig vom Urteil anderer über sich selbst.</td>
<td>• Ich frage den Schulleiter, ob es einen Grund hat, dass er mich nicht grüßt. Ich habe keine Angst vor dem Kontakt und thematisiere offen, wenn mich etwas belastet oder stört. Ich kann damit leben, wenn er mich nicht versteht oder ich seine Erklärungen eventuell nicht nachvollziehen kann.
• Sehe ich in meiner Arbeit zu viele Belastungen und Defizite für mich und meine Lebenszufriedenheit, suche ich nach Wegen der Veränderung. Ich übernehme die Verantwortung für mich.

⇓

Ein autonomer Mensch ist sich der Übertragungsproblematik bewusst, bekommt dadurch Abstand und eine erwachsenere Haltung. Möglicherweise nimmt er ebenfalls einen Mangel wahr, identifiziert ihn aber als seine eigene Problematik, die nur durch bestimmte Verhaltensweisen des Schulleiters (z. B. nicht gesehen/gegrüßt werden) ausgelöst wird. Er kann sich davon distanzieren und sucht nicht die Schuld für jedes Mangelgefühl im Gegenüber. Er findet aktiv Wege, damit umzugehen, z. B. Therapie, Klärung alter Muster oder Erkennen der fehlenden Ablösung von den Eltern. So kann er den Schulleiter einfach nur als Mensch mit Leitungsfehlern sehen, fühlt sich aber von diesen nicht mehr persönlich getroffen.</td></tr>
</table>

Gerade weil die Anforderungen an Lehrer/-innen so hoch sind, ist es wichtig, den eigenen Arbeitsplatz weder mit einem idealisierten noch mit einem auf die eigenen Schulerfahrungen reduzierten Blick auf Schule ausfüllen zu wollen. Denn auf Dauer führt diese Haltung in chronische Überlastung aufgrund von fehlenden Kompetenzen.

Wegweiser

- Machen Sie sich bewusst, ob Sie vielleicht eine alte Schülerhaltung übernommen haben, oder ob Sie einen reifen, reflektierten Blick auf ihre beruflichen Anforderungen besitzen. Oft spielen die alten Erfahrungen noch eine große Rolle und beeinflussen das Verhalten im Hier und Heute.
- Wenn Sie das Gefühl haben, dass das hier Gesagte auf Sie zutreffen könnte: Nehmen Sie sich viel Zeit für die Übungen im Kapitel »Wertschätzung« auf Seite 85 ff. Machen Sie sich das Maß Ihres Leistungsdrucks bewusst und erlernen Sie begleitend Entspannungstechniken.

Zum Weiterlesen

Chu, V. (2007): Die Kunst, erwachsen zu werden. Wie wir uns von den Fesseln der Kindheit lösen. 4. Auflage. München: Kösel.

Röhr, H.-P. (2005): Wege aus der Abhängigkeit. 2. Auflage. Düsseldorf: Patmos.

Schmidbauer, W. (2005): Lebensgefühl Angst. Jeder hat sie. Keiner will sie. Was wir gegen die Angst tun können. Freiburg: Herder.

Stevens, J. O. (2006): Die Kunst der Wahrnehmung. 17. Auflage. München: Kösel.

3 Berufswahl

Peter W., ein eigenbrötlerischer Computerfreak, fiel im Informatikstudium durch mehrere entscheidende Prüfungen, fühlte sich mehr und mehr überfordert und entschied sich für einen Fachwechsel: »Na ja, dann studiere ich eben Mathe auf Lehramt.«

Dass er, der Einzelgänger, dann mit Klassen kommunizieren muss und vertrauensvolle Beziehungen aufbauen soll, erfasste er erst wirklich in seinem Referendariat. Er schaffte das Zweite Staatsexamen mit viel Mühe, auch weil seine Ausbilder ihn nach all den Ausbildungsjahren nicht durchfallen lassen wollten. Nach mittlerweile fünf Jahren Berufserfahrung fühlt er sich sehr unzulänglich und unglücklich.

Kai S. wurde eine grandiose Unilaufbahn als Historiker vorausgesagt. Seine Promotion und zwei weitere Bücher wurden veröffentlicht und fanden in Fachkreisen höchste Anerkennung. Trotzdem bekam er nie die heiß ersehnte Unistelle und entschied: »Dann werde ich eben Lehrer für Englisch und Geschichte.«

Heute gilt er als fachlich sehr kompetent, hat aber permanent für ihn unverständliche Konflikte mit Eltern, Schülern und Kollegen, da seine Fähigkeiten auf der Beziehungsebene nur gering ausgeprägt sind. Er hat ständig Probleme mit Mitmenschen, die er sich mit der Dummheit der heutigen Schüler und Eltern erklärt.

Auch Tina S. wechselte während des Studiums ihr Berufsziel. Sie ließ BWL sausen, weil sie doch nicht in den elterlichen Betrieb einsteigen wollte wie ursprünglich geplant, und entschied sich bewusst dafür, Lehrerin zu werden, weil sie an diesem Beruf vieles mehr reizte und sie gern mit Jugendlichen arbeiten wollte.

Heute …

Wie viele der heutigen Lehrer/-innen haben sich bewusst und mit voller Überzeugung für ihren Beruf entschieden? Natürlich ist es verständlich, dass man sich beruflich auf die Suche begibt und manchmal Wege einschlägt, die in Sackgassen enden, weil man durch zunehmende Lebenserfahrung feststellt, dass man im falschen Fach gelandet ist oder die Anforderungen nicht erfüllen kann. Fatal wird es, wenn man den Lehrerberuf als vermeintlich letzte Lösung nach dem Motto »Lehrer werden geht immer« begreift. Wer sich für den Lehrerberuf interessiert, sollte sich – über die eigenen Schulerfahrungen weit hinausgehend – bewusst machen, was dieser Beruf von ihm oder ihr verlangt.

Fragt man Berufsanfänger und schon lange im Beruf arbeitende Lehrer/-innen nach den Gründen für ihre Berufswahl, ist es erschreckend, wie selten man hört: »Ich mag meinen Beruf. Ich finde ihn interessant und wichtig.« Gerade das wünschen sich doch Schüler/-innen und Eltern von den Menschen, die so gravierenden Einfluss auf die schulische Laufbahn und den Lebensweg von Kindern haben – dass sie hinter ihrer Berufswahl stehen und genau diese Arbeit gut und gerne machen wollen. Nicht nur als zweite oder dritte Wahl, weil das eigentliche Berufsziel, dem sie im Stillen immer noch nachtrauern, nicht möglich war, oder aus der weitverbreiteten Überlegung heraus, einen sicheren Arbeitsplatz zu haben. Selbst die Vorstellung von viel freier Zeit an Nachmittagen ist immer noch weit verbreitet.

Gerade *weil* Lehrer/-innen Schullaufbahnen und damit Lebenswege bahnen und auch zerstören können, ist es so wichtig, sich vor der Entscheidung für diesen Beruf umfangreich über die Anforderungen und Voraussetzungen, die man mitbringen sollte, zu informieren. Und mit fundierten Auswahlkriterien könnten Universitäten Lehramtsinteressierten sehr helfen, die richtige Entscheidung zu treffen. Denn in diesen Beruf gehören die Besten, wie es gerade in skandinavischen Ländern viel stärker vermittelt wird. Das aber setzt einen neuen Denkansatz voraus, nämlich eine große Wertschätzung gegenüber pädagogischen Berufen.

Wer den Lehrerberuf ergreifen möchte, muss ganz einfach bestimmte Fähigkeiten mitbringen, die weit über die fachliche Kompetenz hinausgehen: Wer ein Mathegenie ist, kann trotzdem als Lehrer völlig ungeeignet sein, selbst wenn er am Elitegymnasium unterrichtet. Und wer eine große Sprachbegabung mitbringt und mehrere Fremdsprachen fließend spricht, kann trotzdem als Sprachlehrer am völlig falschen Platz sein. Denn:

> Lehrer zu werden heißt, einen *Kontaktberuf* zu ergreifen und nicht nur gut in einem Fach zu sein. Die eigenen Kontakt- und Kommunikationsfähigkeiten und fundierte Kenntnisse über gruppendynamische Prozesse, Gesprächsführung und Motivationstechniken tragen später entscheidend zum Erfolg und zur Belastbarkeit in diesem Beruf bei – von Kinderliebe oder Freude am Umgang mit pubertierenden Jugendlichen ganz zu schweigen. Das ist das Fundament, auf dem die fachlichen Kompetenzen aufbauen.

> Verändere dein Denken, und du veränderst die Welt. *(Norman Vincent Peale)*

Dies sollte selbstverständlich sein, kommt aber häufig in den Überlegungen zur Berufswahl gar nicht vor. Natürlich kann man immer dazulernen. Nur werden angehende Lehrer/-innen bei ihrer Berufswahl sehr alleingelassen, da sie selten eine deutliche Rückmeldung im Hinblick auf ihre persönliche Eignung erhalten. Und Referendaren, bei denen die fehlende Eignung erst ganz am Ende der Lehrerausbildung festgestellt wird, teilt man dies trotzdem nicht unbedingt mit: Sie werden durch die Prüfung »gehoben«, da man sie jetzt am Ende nicht hängenlassen will. Aber was richten solche Lehrer/-innen in der Schule an – in einem Beruf, in dem man auch viel Schaden anrichten und trotzdem nicht entlassen werden kann?

Darum ist es so wichtig, dass Lehramtsinteressierte umfassend über diesen Beruf informiert werden und Schule hautnah erleben, nicht erst im Referendariat oder in Praktika, in denen vielfach nur zugeschaut wird. Wenn angehende Studenten also einerseits klarer erfahren, was auf sie zukommt, und andererseits die wirklich wichtigen Auswahlkriterien für diesen Beruf deutlich werden, haben Studienanfänger die Chance zu einer viel fundierteren Entscheidungsfindung. Sie könnten sich konkreter überlegen, ob sie überhaupt für den Beruf des Lehrers geeignet sind.

Entscheiden sie sich dann für diesen Beruf, sollten sie auch zu dieser Entscheidung stehen – oder den Beruf wechseln. Wer sich zum Opfer seiner eigenen Lebensentscheidung macht und sich in Schülermanier an den Grenzen reibt, schwächt sich nur selbst. Steht man aber hinter seiner Berufswahl, ist die Bereitschaft, die eigenen Kompetenzen und damit die berufliche Professionalität weiterzuentwickeln, um einiges größer. Dies ist ein wichtiger Grundstein, um die Freude am Beruf nicht zu verlieren.

Ein Lehrer, der sich chronisch über seine Arbeit beschwert oder vor der Klasse stöhnt, dass die Ferien leider wieder viel zu schnell vorbei waren und auch er keine Lust auf Schule habe, schadet Schülern und Kollegium und vergiftet die Schulatmosphäre. So werden Motivation, Elan und Freude schon im Keim erstickt.

> Wer nicht die Verantwortung für seine Berufswahl übernimmt, trägt mit zur Abwertung des Berufes bei.

Verantwortung für die eigene Berufswahl zu übernehmen kann auch bedeuten, sich ehrlich einzugestehen, dass man seinen Beruf nicht mag und nicht will. Dann sollte man die – neue Kraft freisetzende – Entscheidung treffen und den Beruf wechseln, wie es in anderen, weniger von Sicherheit geprägten Arbeitsfeldern selbstverständlich ist. Übrigens werden dann auch die Lehrer/-innen sichtbarer, die ihren Beruf gerne ausüben.

Wegweiser

- Wenn Sie sich ernsthaft falsch in Ihrem Beruf fühlen: Verdrängen Sie diese Erkenntnis nicht, sondern suchen Sie nach Alternativen. Falls Sie sehr sicherheitsbedacht sind, werden Sie sich diesen Gedanken bisher nicht erlaubt und die inneren Stimmen verdrängt haben, die sich vielleicht schon lange nach etwas ganz anderem sehnen.
- Halten Sie nicht nur um des Durchhaltens willen durch! So sollten Sie nicht mit Ihrer Lebenszeit umgehen. Nehmen Sie statt-

dessen Ihre Sehnsüchte, Grenzen und Bedürfnisse ernst. Fassen Sie neuen Mut zum vielleicht notwendigen Wechsel und verbessern Sie damit Ihre eigene Lebensqualität. Und: Nehmen Sie Hilfe in Anspruch, um Klarheit über diese Frage zu gewinnen.

- Sind Sie überhaupt für den Lehrerberuf geeignet? Machen Sie den Eignungstest »Fit für den Lehrerberuf« aus der Potsdamer Lehrerstudie, zu finden in Schaarschmidt/Kieschke 2007, S. 221–252, oder online unter http://vbe.de/potsdamer-lehrerstudie.html.

Zum Weiterlesen

Asgodom, S. (2006): Leben macht die Arbeit süß. Wie Sie Ihr persönliches Work-Life-Konzept entwickeln. 2. Auflage. Berlin: Ullstein.

Buzan, T. (2005): Change Now. Heidelberg: mvgVerlag/Redline.

Csikszentmihalyi, M. (2006): Flow – der Weg zum Glück. Freiburg: Herder.

de Roeck, B.-P. (2004): Gras unter meinen Füßen. 17. Auflage. Hamburg: Rowohlt.

Hildebrandt, A. (2006): Die Spur des Grenzgängers. Leben als Passion. Paderborn: Junfermann.

Miller, R. (2005): Sich in der Schule wohlfühlen. 6. Auflage. Weinheim/Basel: Beltz.

Schaarschmidt, U./Kieschke, U. (Hrsg.) (2007): Gerüstet für den Schulalltag. Psychologische Unterstützungsangebote für Lehrerinnen und Lehrer. Weinheim/Basel: Beltz.

4 Die Lebenswelt heutiger Kinder und Jugendlicher

Mark, 12 Jahre, weigert sich beharrlich, an den Planungen zur Klassenfahrt teilzunehmen. In einem vertraulichen Gespräch zeigt sich, dass sein Widerstand damit zusammenhängt, dass er seine alleinerziehende Mutter, die Hartz IV bezieht, nicht um das Geld bitten will, weil es schon für den Alltag kaum reicht. Seinen ebenfalls arbeitslosen Vater sieht Mark nur sporadisch, und wenn, weint dieser sich bei seinem Sohn eher aus, als ihm zu helfen. Den Geldmangel gibt Mark aus Scham nur ungern zu und will auch nicht, dass Mitschüler/-innen von seiner Not erfahren. Deshalb lehnt er es ab, die Klassenfahrt aus schulischen Fördertöpfen finanziert zu bekommen, lieber fährt er nicht mit.

Eltern melden ihre Tochter von der GTS ab, begründen diesen Entschluss mit ihrer Unzufriedenheit mit der Hausaufgabenbetreuung. In Wirklichkeit können sie das Geld für das Mittagessen nicht aufbringen und schämen sich, dies offen zuzugeben.

Nach den Sommerferien stört ein 14-jähriger Schüler den Unterricht ständig durch sein aggressives Verhalten.

Erst der Vertrauenslehrer findet heraus, wie verstört er ist, weil sein Vater ihn mit in den Thailand-Urlaub genommen hat, damit sein Sohn dort das »Leben der Erwachsenen kennenlernt«.

Die Gesellschaft verändert sich zunehmend. Schule jedoch hinkt hinterher, wird angegriffen und wehrt sich, indem sie wiederum die Missstände in der Gesellschaft angreift – was aber das vertrauensvolle Verhältnis zwischen Schule und Eltern nicht gerade fördert und nur die beiderseitige Überforderung und Hilflosigkeit offenbart. Die erzieherische Verantwortung oder Zuschreibung der Verantwortung scheint immer häufiger zum Thema zu werden.

Schulen erleben die gesellschaftlichen Veränderungen unmittelbar, müssen darauf eingehen, sie im schlimmsten Falle »ausbaden« oder zumindest mittragen. Reagieren Schulen nicht darauf, kämpfen sie nicht für eigenen Gestaltungsspielraum und zeitgemäße pädagogische Konzepte, wird der Kontakt zwischen Lehrern und Schülern immer schlechter, da sich Schüler/-innen – häufig zu Recht – nicht gesehen und verstanden fühlen und verweigern. Wenn Lehrer/-innen dann nur noch auf die Verweigerung reagieren, wächst der Widerstand, die Leistungsfähigkeit und -bereitschaft sinkt weiter.

Dabei ist es für Lehrer/-innen von grundlegender Bedeutung, dass sie wissen, was heutige Kinder und Jugendliche mit sich herumschleppen – wie sie leben, was sie erleben, was sie beschäftigt. Die Sozialisation der meisten Lehrer/-innen ist weit entfernt von der ihrer Schüler/-innen. Wenn sie aber nicht wissen, was ihre Schüler/-innen bewegt, können sie sie auch nicht erreichen – und guter Kontakt zu den eigenen Schülern ist heute, da Kontaktlosigkeit so weit verbreitet ist, wichtiger denn je.

Akzeptanz der Wirklichkeit

> Auch Lehrer/-innen sind häufig von der Fülle der Probleme überfordert. Der Hilfebedarf geht weit über die schulischen Handlungsmöglichkeiten hinaus.

Es geht hier nicht darum, die heutigen Lebensbedingungen zu bewerten und zu kritisieren, sondern sie überhaupt erst einmal kennenzulernen und sich mit ihnen auseinanderzusetzen. Vielfach wird in Kollegien stöhnend und seufzend über diese Punkte diskutiert: »Was machen Eltern nicht alles falsch, wo versagen sie, was sind die Kinder heute so wenig leistungsfähig, was muss das Niveau von Klassenarbeiten immer weiter gesenkt werden«?, und so weiter und so fort. Mit dieser Haltung macht man sich verständlicherweise ab und zu Luft.

Will man Schüler/-innen aber wirklich erreichen, muss man diese Lebenswelt erst einmal annehmen und darauf aufbauen, denn abwerten oder ignorieren hilft nicht weiter. Und wer glaubt, dass die Lebenswelt der Kinder für den schulischen Erfolg keine Rolle spielt, hat sich schon weit vom Schulalltag entfernt und wird es schwer haben, von Schülern akzeptiert zu werden und diese zu motivieren.

Einer Klasse mit 30 Kindern kann man nicht so gerecht werden, wie es viele gerne möchten. Einer Klasse mit 20 Kindern aber auch nicht, wenn man nicht weiß, welche pädagogischen Schritte Kontakt ermöglichen und Bindung herstellen. Und der Einzelne stößt auch trotz größter Bemühungen schnell an Grenzen, wenn sich Schule nicht als Ganzes für einen gemeinsamen pädagogischen Weg entscheidet.

Eine Mutter wirft der Schulleitung vor: »Meine Tochter fühlt sich gemobbt wegen ihres Übergewichts. Ich habe Sie jetzt schon mehrfach darauf hingewiesen. Jetzt werden auch noch Bilder von ihr mit schlimmen Sprüchen ins Internet gestellt. Die Schule macht gar nichts, obwohl meine Tochter doch immer mehr fehlt. Sie traut sich nicht mehr in die Schule. Heute wollen wir auch mit der Polizei reden.«

Der Klassenlehrer gibt unumwunden zu, dass er sich den Auseinandersetzungen in seiner Klasse nicht gewachsen fühle und eher Angst habe, seinen Englisch-Stoff nicht bewältigt zu bekommen, was ihm auf jedem Elternabend vorgeworfen werde. Er wisse auch keine Lösung und sei für solche Fälle nicht ausgebildet.

Schulen fehlt oft noch das Handwerkszeug und vor allem der gestalterische Spielraum, um neue Wege im Umgang mit gesellschaftlichen Veränderungen zu beschreiten: Viele Schulen arbeiten am räumlichen Limit, haben einen zu engen finanziellen Rahmen, leben mit veralteten bürokratischen Zwängen und haben noch dieselben Strukturen, z. B. hinsichtlich Klassengröße und Stundenverteilung, wie früher. Wir können aber nicht mehr so denken und unterrichten und Schule so gestalten wie noch vor einigen Jahren und Jahrzehnten. Wir alle müssen uns bewusst machen, dass heutige Kinder – auch Gymnasialschüler – in viel größerer Haltlosigkeit aufwachsen als frühere Schülergenerationen. Sie brauchen andere, zeitgemäße Rahmenbedingungen, damit ihre Potenziale überhaupt entdeckt und adäquat gefördert werden können.

Gesellschaftliche Veränderungen und ihre Auswirkungen auf die Schule

Viele Kinder und Jugendliche kommen mit einem Rucksack voller Probleme oder heute vermeintlich selbstverständlicher Gegebenheiten in die Schule. Ich nenne hier beispielhaft einige Punkte, die die Welt heutiger Schüler/-innen prägen.

Bei manchen Kindern gibt es eine Kombination mehrerer Punkte, bei anderen hat vielleicht schon ein einzelner Faktor gravierenden Einfluss auf das schulische Verhalten oder die persönliche Verfassung.

Berufliche und finanzielle Unsicherheit

Viele Eltern stehen beruflich und finanziell unter Druck, leben mit befristeten Stellen, hohen Mobilitätsanforderungen und geringer Ortssicherheit. Diesen Stress bekommen auch ihre Kinder mit.

»Mein Vater hat letztes Jahr seine Arbeit verloren, weil die Firma Insolvenz anmelden musste. Das war ganz schlimm für unsere Familie. Zum Glück hat er seit letztem Monat wieder eine neue Stelle. Meine Mutter arbeitet seit zwei Jahren halbtags und ist jedes Frühjahr nervös, ob ihr Vertrag verlängert wird. Ihrer Firma geht es auch nicht gut. Die machen oft Kurzarbeit. Meine Eltern würde so gerne ein Haus kaufen, aber sie trauen sich nicht, weil sie solche Angst um ihre Stellen haben.«
Florian, 18

Fehlende Alltagsrhythmen

Arbeitsrhythmen haben sich aufgelöst, Essensrhythmen ebenso wie der Wochenrhythmus. Es gibt schon lange keinen arbeitsfreien »heiligen« Sonntag mehr. Eltern mit Schicht-, Teilzeit- und Wochenendarbeit müssen die Kinderbetreuung organisieren. Sie leben oft mit dem schlechten Gewissen, ihre Kinder viel zu oft alleine zu lassen. Alleinerziehende Mütter und Väter haben es diesbezüglich besonders schwer, vor allem in Regionen ohne adäquate Betreuungsangebote oder Ganztagsschulen.

Freizeitverhalten

Das Freizeitverhalten von Kindern und Jugendlichen hat sich verändert, oft ist der kindliche Terminplan sehr voll oder auch völlig leer. Manch ein Schüler verbringt seine Freizeit nur am PC oder vor dem Fernseher. Kinder und Jugendliche haben oft wenig körperliche Bewegung, produzieren stattdessen ein immens hohes inneres Tempo am Computer. Viele sind medien- und reizüberflutet, erleben täglich eine hohe innere Beschleunigung mit wenig Ausgleich.

Konsum statt Erlebnis

Viele Jugendliche haben schon erschreckend viel »gesehen«, aber nur wenig mit allen Sinnen erlebt. Sie kennen Computerspiele, die für ihr Alter ungeeignet sind, und sehen Filme, die sie überfordern. Die Unruhe, die gerade montags in vielen Klassen herrscht, ist auch auf den extremen Konsum von Filmen und stundenlanges Computerspielen zurückzuführen. Und hört man die sexualisierte Sprache mancher Zehnjähriger, fragt man sich unwillkürlich, ob diese den häuslichen Umgangston widerspiegelt, vielleicht auch auf den Konsum von Pornos schließen lässt.

Wirkliches Erleben kommt oft zu kurz. Naturerlebnisse, körperliche Erschöpfung durch Sport oder Wanderungen, überhaupt die Erfahrung, sich für etwas anzustrengen und am Ergebnis zu freuen, sind für viele Schüler/-innen alles andere als selbstverständlich. Manche Kinder erleben kaum etwas, sondern verbringen ihre Freizeit im nächsten Einkaufszentrum oder vor dem Fernseher.

Internet

Oft ist der Kontakt zu Gleichaltrigen über den PC vermeintlich intensiver, leichter und länger als der wirkliche Kontakt von Angesicht zu Angesicht. Und Eltern haben längst nicht immer den Überblick, was ihre Kinder im Internet treiben und welche Spiele sie spielen – sofern diese Kontrolle überhaupt leistbar ist. Deshalb ist der verantwortungsbewusste Umgang mit dem Internet eine wichtige erzieherische Aufgabe auch an Schulen geworden. Dies umfasst zum einen den unbedarften Umgang mit den eigenen Daten, da Kinder und Jugendliche sich der damit zusammenhängenden Gefahren häufig nicht bewusst sind (Stichwort »Internet-Bekanntschaften«), zum anderen verletzenden Sprachgebrauch, Mobbing und andere Formen von Gewalt im Internet. Diese sind durch das Internet nicht nur leichter, sondern auch viel häufiger geworden, da das fehlende sichtbare Gegenüber auch Hemmschwellen verschwinden lässt.

Mobbing und Cyber-Mobbing

Wenn sich Schüler/-innen kaum mehr in die Schule trauen, weil sie von Mitschülerinnen und Mitschülern schikaniert, erpresst oder gedemütigt werden, muss die Schule darauf reagieren – ob sie will oder nicht – und wirkungsvolle Maßnahmen ergreifen (vgl. hierzu die Literaturhinweise auf Seite 61). Außerdem findet Mobbing mittlerweile auch in der Freizeit und im virtuellen Raum statt, weil das Opfer auch per SMS belästigt oder anonym in Chatrooms verspottet werden kann.

Überfürsorge und fehlende Selbstständigkeit

»Ich weiß, dass ich zu Hause nichts mache. Meine Mama schimpft immer nur und macht dann doch wieder alles selber«, sagt Simon (13).

»Und wer hat bei euch die Macht im Haus?«

»Na, ich!«, strahlt der Junge.

Wenn es um die Mitarbeit im Haushalt oder die Übernahme von Pflichten geht, werden an Kinder und Jugendliche oft nur noch geringe Anforderungen gestellt. Selbst kleine Aufgaben, die das Verantwortungsgefühl stärken, Erfolgserlebnisse vermitteln und Kinder und Jugendliche langsam zur Selbstständigkeit »erziehen« würden, fehlen verstärkt. Vor vielen Schulen stauen sich morgens die elterlichen Autos, die Kindern den Schulweg abnehmen, selbst wenn dieser oft nur kurz ist.

Manch ein 13-Jähriger wird als »Riesenbaby« erlebt und von seinen Eltern immer noch liebevoll »gepampert«, indem er viel zu viel abgenommen bekommt – gerade weil Eltern es »gut meinen« und ihrem Kind durch die Schule helfen wollen: Seit Jahren erinnern sie es möglichst an alles und nehmen ihm regelrecht das Denken ab, können aber auf der anderen Seite nur schwer loslassen, weil sie ihrem Kind auch kein eigenständiges Handeln mehr zutrauen – was ja dann auch durch diese lang eingeübte Dynamik der Realität entspricht. Infolge dieses Teufelskreises kann man an Schulen viele unselbstständige Kinder erleben, die wenig Verantwortungsgefühl entwickelt haben.

Verhaltensauffälligkeiten und fehlende Grenzen

Heute scheinen manche Eltern wenig Zeit für ihre Kinder zu haben – und zwar Zeit, in der sie sich wirklich mit ihnen beschäftigen und auseinandersetzen, mit ihnen in Beziehung treten, ihnen Orientierung bieten und auch Grenzen setzen. Dass Eltern ihre Kinder nicht erziehen, ihnen keine Werte vermitteln und Grenzen setzen ist häufig zu lesen. Andererseits wirken Eltern aber oft auch sehr erschöpft, bedürftig und überfordert von ihrem Alltag. Statt ihrer pubertierenden Tochter eine Reibungsfläche zu bieten und sich als starkes und erwachsenes Gegenüber hinzustellen, wollen sie oft selbst von ihren Kindern Kraft bekommen. Sie wollen gelobt und geliebt werden und vermeiden Reibungen und Auseinandersetzungen mit ihren Kindern, weil sie Angst haben, sonst deren Zuneigung zu verlieren.

> Kinder werden schnell in eine Prinzen- oder Prinzessinnenrolle gehoben, die ihnen massiv schadet, da sie viel zu viel Macht bekommen, die sie letztlich in die Verunsicherung treibt.

Viele Kinder fallen in der Schule durch ein sehr überhebliches Verhalten auf, halten Frustrationen oder Grenzen überhaupt nicht aus. Sie gehen in massive Machtkämpfe, die sie ja zu »gewinnen« gewohnt sind. Manche Zwölfjährige ticken bei einem Nein regelrecht aus, inszenieren ohne Hemmungen Dramen, wälzen sich auf dem Boden, schreien wie Fünfjährige herum. Gibt man als Lehrer/-in nach, ist der Sturm sofort verraucht. Geht man jedoch in die fällige Auseinandersetzung, benötigt man Zeit, Nerven und geduldige Klassen, die nicht auf den Zug aufspringen und den Konflikt noch anheizen.

Wenn Kinder zu Hause keine starken Erwachsenen haben, wenn sich die »Kleinen« quasi erwachsener und größer als die eigentlich Älteren erleben, kommt es zu immer mehr Verhaltensauffälligkeiten. Dies stellt zunehmend größere Anforderungen an die Beziehungsarbeit und die dafür notwendige Zeit, die an Schulen aufgebracht werden muss, um die Kinder zu erreichen.

Zunehmende Verunsicherung durch fehlenden Schutz

»Mein Papa hat Angst, seinen Arbeitsplatz zu verlieren. Mama weint ganz oft, und Papa hat mir heute Morgen noch gesagt, dass er Angst hat, dass wir vielleicht aus unserem Haus ausziehen müssen. Das neue Auto kommt dann vielleicht auch wieder weg. Ich soll das aber Mama noch nicht erzählen.«
Mike (12) hat Schlafstörungen und gibt immer häufiger Klassenarbeiten ab, ohne einen einzigen Satz geschrieben zu haben.

Eltern ist oft nicht bewusst, in welchem Maße sie ihrem Kind die eigenen Sorgen aufbürden. Häufig wissen Kinder viel zu viel z. B. über die finanziellen Sorgen der Eltern, dass ein Arbeitsplatz gefährdet ist, wie schwer es die Mutter in der neuen Beziehung hat oder welche Beziehungsprobleme zwischen den Eltern herrschen. Sicher bekommen Kinder vieles davon auch atmosphärisch mit, aber belastete Eltern sind sich häufig nicht darüber im Klaren, in welchem Maße sie ihre Sorgen ihrem Kind aufbürden, wenn sie sie nicht mit anderen Erwachsenen, sondern z. B. mit der eigenen Tochter als vermeintlich »bester Freundin« besprechen. Kinder zu Vertrauten und Verbündeten zu machen, stellt eine Überforderung für sie dar. Sie neigen dann dazu, sich emotional für ihre Mutter oder ihren Vater verantwortlich zu fühlen. Das macht sie zwar wichtiger und »größer«, entzieht ihnen aber zugleich den Schutz und die Sicherheit, die ihre Eltern eigentlich ihnen schulden statt umgekehrt.

»Manchmal weiß man in Gesprächen, z. B. mit Mutter und Tochter, gar nicht, wer ist hier die Mutter und wer die Tochter. Sie treten wie beste Freundinnen und Vertraute auf, aber es ist nicht spürbar, dass die Mutter die Mutter ist, die ihrer Tochter auch mal sagt, was geht und was nicht geht.«
Ein Lehrer über seine Erfahrungen

Familiäre Probleme

Lehrer/-innen müssen davon ausgehen, dass ihre Schüler/-innen sehr unterschiedliche familiäre Erfahrungen und Belastungen mitbringen: Trennungen, Umzüge, Schulwechsel und neue Familienzusammensetzungen sind Erfahrungen, die Kinder beschäftigen und ihre schulische Konzentrationsfähigkeit fördern, aber auch sehr hemmen können. Verlaufen die Veränderungen gut, erfahren Kinder und Jugendliche dabei die nötige Beachtung, kann dies zur Entlastung führen. Manch ein Kind sitzt aber verzweifelt in der Schule, weil es mit der häuslichen Situation völlig überfordert ist.

Julian (12) sitzt mürrisch an seinem Platz, verweigert jegliche Mitarbeit und streitet sich mit jedem, der ihn anspricht. Eine Lehrerin, die ihn auffordert, Materialien mit auszuteilen, motzt er nur an: »Du kannst mich mal, verpiss dich!«

Ihren Ärger und ihre Reaktion auf seine Worte nimmt er gar nicht wahr, er wirkt völlig gleichgültig. In der Pause sucht er regelrecht Streit, initiiert eine Schlägerei, wirft dabei einen Stuhl gegen die Wand, der eine Mitschülerin nur knapp verfehlt. Seine Klassenlehrerin sucht das Gespräch mit ihm, auf das er sich nach kurzem Widerstand auch einlässt. Im Gespräch wirkt er dann nur noch traurig.

Als die Lehrerin fragt, was mit ihm los sei, erzählt Julian stockend, dass seine Mutter und er seit vier Monaten mit dem neuen Freund der Mutter zusammenlebten, der bei ihnen eingezogen sei. Und das sei eine Katastrophe, weil dieser sich über jede Kleinigkeit bei ihm aufrege, ihm viel verbiete, und die Mutter eher zum neuen Freund halte. Wenn Julian mit einer guten Note nach Hause komme, freue der Freund sich nicht, sondern motze seine Mutter an, dass sich hier ja wohl alles nur um den Jungen drehe. Und heute Morgen habe seine Mutter ihm gesagt, dass er in den Sommerferien nicht mit ihnen zusammen nach Frankreich fahren sollte, sondern in ein Jugendlager, damit endlich mal kein Streit herrsche.

»Ich bin ihr doch gar nicht mehr wichtig!«

Patchworkfreud und -leid haben stark zugenommen, ebenso alleinerziehende Eltern, vorwiegend Mütter, denen mit dem Vorwurf, ihr Kind sei zu viel allein und brauche mehr Grenzen, bestimmt nicht geholfen ist. Vor allem alleinerziehende Mütter von Jungen haben es vielfach schwer, wenn sich die Väter nicht zuverlässig an der Erziehung beteiligen. Diese Mütter können noch so engagiert, liebevoll und konsequent sein – sie können das Fehlen des Vaters nicht ausgleichen und häufige Verhaltensauffälligkeiten ihrer Söhne auch durch ihren »doppelten« Einsatz nicht verhindern.

Jungen als Bildungsverlierer

Überhaupt ist das Thema »Jungen und auffälliges Verhalten« an vielen Schulen ein großes Thema. Man beginnt, pädagogische Konzepte dahingehend zu überdenken, inwieweit der heutige Schulalltag und die Wahl der Lehr- und Vermittlungsmethoden den Bedürfnissen von Jungen gerecht werden. Natürlich geht es auch um die Bedürfnisse von Mädchen, nur sind es derzeit gerade die Jungen, von denen anscheinend viele regelrecht durch die schulischen Netze fallen und mit bisherigen Methoden nur schwer aufzufangen sind. Möglicherweise hängt dies mit den Bezugspersonen, d.h. mit dem Fehlen von emotional spürbaren männlichen Vorbildern zusammen.

Jannik (14) muss als Ausgleich für sein häufiges Schwänzen die versäumte Zeit mit Hausmeisterdiensten am Nachmittag nacharbeiten. Dem Klassenlehrer fällt auf, dass das Schwänzen trotzdem eher zunimmt.

Darauf angesprochen räumt Jannik ein, dass er gerne nachmittags mit dem Hausmeister arbeite: »Ich hänge ja sonst eh nur rum und langweile mich. Hier ist wenigstens jemand.«

Hier hilft es auch nicht weiter, den vielen Frauen an Schulen vorzuwerfen, dass Jungen von zu wenigen Männern unterrichtet werden – so schiebt man das Problem nur den Falschen zu. Vielmehr stellt sich die Frage, warum sich so wenige Männer für pädagogische Berufe entscheiden (→ fehlende Wertschätzung, schlechte Karrierechancen, Beziehungsarbeit als »Frauensache«?) und wie sich erreichen lässt, dass sich beziehungsfähige und reflektierte Frauen *und* Männer für den Lehrerberuf entscheiden.

Unversorgte Kinder

In unsere Schulen kommen immer mehr Kinder, bei denen nicht mehr sicher ist, ob sie emotional und materiell grundlegend versorgt sind. Mittlerweile haben selbst Fünftklässler oft schon einen eigenen Fernseher im Zimmer. Ob aber alle mit einem Frühstück versorgt oder vernünftig angezogen in die Schule kommen, ist nicht mehr selbstverständlich. Es lässt sich nur erahnen, wie unversorgt und belastet manche Kinder sind, die ohne Essen in die Schule kommen, vielfach auch ohne Hausaufgaben und unausgeschlafen, weil niemand kontrolliert, wie lange sie am Computer oder vor dem Fernseher sitzen. Wenn sie dann mit unvollständigem Schulmaterial und zwei Euro fürs Schulkiosk zur Schule kommen, setzt sich ihr Dilemma fort, wenn z.B. die Schlange vorm Schulkiosk zu lang ist und sie den ganzen Vormittag hungrig in der Schule sitzen.

Seelische Belastungen

Melinas (11) Vater ist Alkoholiker und tyrannisierte die ganze Familie bis zur Scheidung. Melina sieht ihren Vater nun alle vier Wochen. Sie braucht danach aber drei Tage, bis sie in der Schule wieder richtig »da« ist.

In manchen Lebenssituationen brauchen Schüler/-innen einfach Aufmerksamkeit, Zeit und bei Bedarf auch Hilfe durch weiterführende Stellen. Das Leben findet nicht außerhalb der Schule statt und Schüler lassen ihre Alltagswelt nicht zu Hause. Kinder und Jugendliche, die zu Hause oder in ihrem nächsten Umfeld mit Gewalt, Tod, Sucht, psychischen Erkrankungen wie Depressionen eines Elternteils und vielen anderen Krisen konfrontiert sind, bringen dies alles mit in die Schule.

Krisen und Belastungen für Kinder hat es immer gegeben, auch in früheren Zeiten mussten sie damit fertig werden. Nur scheint heute die Menge der Risikofaktoren, also die Masse der Belastungen, bei vielen Kindern größer als die Menge der schützenden Faktoren zu sein. In der Schule erleben Lehrer/-innen die ganze Bandbreite von überbehüteten und beschützt aufwachsenden Zwölfjährigen, die noch ganz kindlich sind, und Zwölfjährigen in großer emotionaler Verwahrlosung, die schon viel zu viel gesehen haben und verarbeiten mussten. Mal werden die Belastungen verdrängt und tief im Innern versteckt, was häufig zu selbstzerstörerischen Verhaltensweisen führt, um den Druck abzulassen (z.B. Ritzen oder Essstörungen), mal tragen Schüler/-innen sie als Aggressionen oder Unruhe sicht- und hörbar mit sich herum. Es geht hier nicht darum, all diese Probleme zu thematisieren, aber es ist wichtig zu wissen, dass es viele Ursachen geben kann, wenn ein Kind in der Schule ein »nervendes« Verhalten zeigt.

Timo (17) schwänzt immer wieder die Schule, gefährdet sein Abi, wurde sogar schon von der Polizei zu Hause abgeholt.

Erst durch häufiges Nachfragen stellt sich heraus, dass er sich nicht in die Schule traut, wenn sein Vater nicht arbeiten geht, weil dieser dann oft seine Mutter schlägt – die Timo schützen möchte, indem er zu Hause bleibt.

Julia (14) weint häufig in ihrer Klasse, sagt aber nicht warum. Die Mitschüler/-innen sind belustigt oder behandeln sie mit Verachtung. Dann geht das Gerücht um, sie sei schwanger. Schließlich erzählt Julia ihrer besorgten Klassenlehrerin unter Schluchzen, dass sie vor einigen Wochen auf einer Party zu viel getrunken habe, wie alle anderen auch, die dabei waren. Sie könne sich vage erinnern, dass sie dann auch Sex gehabt habe, wisse aber nicht mehr, mit wem. Deshalb schäme sie sich, auch wenn das doch viele machen würden. Seit einigen Tagen sei sie fast krank vor Sorge, weil ihre Periode ausgeblieben sei und sie solche Angst davor habe, schwanger zu sein. Ihrer besten Freundin habe sie das alles vor Kurzem erzählt, und jetzt habe die Freundin doch nicht den Mund gehalten und es einigen Mädchen aus der Klasse verraten. Ihre Eltern wissen von alldem nichts.

Jan (13) gilt als schlampig und vergesslich und zieht viel mit Jungen durch die Gegend, die schon öfters polizeilich aufgefallen sind. Benötigte Unterlagen oder Unterschriften der Eltern bringt er verspätet oder überhaupt nicht mit.

Auf einem Wandertag erzählt er beschämt, dass er zu Hause immer allein sei, weil seine Eltern in Trennung lebten und während der Woche fast nie da seien. Eigentlich solle er das nicht erzählen, aber sein Vater komme nur am Wochenende nach Hause, seine Mutter sei ebenfalls nur noch unregelmäßig da und meistens bei ihrem Freund, zu dem sie bald ziehen werde. Er solle wohl bei seinem Vater bleiben, aber noch sei nicht klar, wie es weitergeht. Unterschriften könne er deshalb nur am Wochenende bekommen und dann würde er es oft vergessen.

Kommen solche Probleme in der Schule zur Sprache, kann man Kindern und Jugendlichen ruhig sagen, dass nicht jedes Problem in den Unterricht gehört und nicht alles im Mülleimer der Klassenrunden »ausgeleert« werden kann. Grenzenlose Kinder machen dadurch die Erfahrung, dass alles seine Zeit und seinen Ort hat. Aber es ist wichtig, im Gespräch mit bedürftigen Jugendlichen den Hilfebedarf zu erkennen und gemeinsam zu überlegen, was für Schritte und Hilfen möglich sind. Das geht nicht in einer großen Pause und auch nicht auf dem Flur, während der Rest der Klasse kurzfristig mit anderen Dingen beschäftigt ist. Schulen können nicht alles auffangen, was Eltern nicht schaffen oder versäumt haben oder was sich gesellschaftlich verändert hat.

Schüler im Spannungsfeld Eltern ↔ Lehrer

Die Zusammenarbeit zwischen Lehrern und Eltern ist von großer Bedeutung für den schulischen Erfolg eines Kindes, wird aber als zunehmend schwierig und spannungsgeladen beschrieben. Viele Eltern sind heute erfüllt von großer Sorge um den schulischen Erfolg und beruflichen Werdegang ihrer Kinder. In der Tat ist es ja auch nicht mehr selbstverständlich, dass ein berufsreifer Schüler überhaupt einen Ausbildungsplatz bekommt, geschweige denn den seiner Wahl.

Herr W., der Vater eines Fünftklässlers, steht gegen 14 Uhr brüllend und wutschnaubend im Sekretariat, bedroht die Sekretärin und die dort anwesenden Lehrer und verlangt, sofort die Mathelehrerin seines Sohnes zu sprechen. Grund: Er sieht die Note, die sein Sohn heute mit seiner Mathearbeit nach Hause gebracht hat, überhaupt nicht ein. Die Bewertung sei völlig falsch und die Mathelehrerin könne jetzt was erleben.

»Lass dir von dem Arsch von Lehrer bloß nichts sagen!«
(Ein Vater auf dem Schulflur zu seinem 14-jährigen Sohn – nach einem Gespräch mit dem Klassenlehrer über das aggressive Verhalten des Jungen)

Die Angst um die zukünftige Existenz ihres Kindes führt bei manchen Eltern dazu, dass sie ihren inneren Druck an die Schule weiterreichen und mit »härteren Bandagen« für ihr Kind kämpfen: Immer wieder wird Lehrerinnen und Lehrern mit Klagen gedroht, schulische Vorgehensweisen werden infrage gestellt (was ja auch sein darf), Misstrauen beherrscht das Klima. Eltern ist es manchmal nur schwer deutlich zu machen, dass die Schule wirklich am Vorankommen ihres Kindes interessiert ist und sich dafür auch einsetzt. Als Folge des Misstrauens zeigt sich eine rapide sinkende Bereitschaft von betroffenen Schüler/-innen, sich auf schulische Regeln und Vorgehensweisen einzulassen. Viel schneller werden Machtkämpfe initiiert, Lehrer infrage gestellt, die Mitarbeit verweigert. Fehlende Kooperation zwischen Eltern und Lehrern trägt mit zur Verunsicherung und zum Leistungsabfall von Schülern bei.

»Ich nehme doch keine Eltern ernst, die nicht mal eine Entschuldigung fehlerfrei schreiben können.«
(O-Ton einer Klassenlehrerin)

Lehrer gehen mit Angst und Magenschmerzen in Gespräche mit Eltern, aber: viele Eltern gehen mit ähnlichen Gefühlen in Gespräche mit Lehrern. Dies führt dazu, dass auf Lehrer verstärkt Anforderungen im Hinblick auf ihre Gesprächsführung zukommen.

Ein 17-jähriger Schüler war in eine Schlägerei mit Mitschülern verwickelt. Vor dem klärenden Gespräch in der Schule informierte er seinen Vater per Handy über den Vorfall. Sein Vater rief direkt in der Schule an und verbot dem Klassenlehrer, mit seinem Sohn und den anderen Beteiligten über die Schlägerei zu reden. Er werde einen Anwalt hinzuziehen, wenn ohne sein Beisein mit seinem Sohn darüber geredet würde.

Resümee

Die beschriebenen gesellschaftlichen Veränderungen produzieren eine zunehmende Halt- und Orientierungslosigkeit. Äußerer und innerer Halt sind brüchig geworden, in erster Linie bei den Erwachsenen und – sozusagen als Spiegelbild – auch bei den Kindern. Das Miteinander ist schwieriger und störungsanfälliger geworden, was sich auch im Schulalltag zeigt:

- Machtkämpfe bei jeder Kleinigkeit und extremes Austesten von Grenzen,
- ein großes Bedürfnis nach Aufmerksamkeit,
- Unsicherheit, Ängste, Überforderung und hoher Leistungsdruck,
- Ruhelosigkeit – Unruhe ist leichter auszuhalten als Ruhe,
- Konzentrationsschwierigkeiten, verbunden mit Problemen bei der Lern- und Leistungsbereitschaft,
- Gewaltbereitschaft, Aggressionen, verbale und körperliche Gewalt,
- fehlendes Wissen über gute Umgangsformen,
- keine altersentsprechende Frustrationstoleranz,
- Probleme, sich zurückzunehmen und den Interessen der Gemeinschaft unterzuordnen,
- Verrohung und scheinbar »gewissenloses« Verhalten (z. B. das Filmen von Gewalttaten),
- psychosomatische Symptome, z. B. Kopfschmerzen, Bauchschmerzen und Übelkeit und AD(H)S.

Jeder dritte Schüler leidet unter regelmäßigen Stresssymptomen wie z. B. Einschlafproblemen, Gereiztheit, Kopfschmerzen, Rückenschmerzen, Nervosität, Schwindelgefühlen oder Bauchschmerzen. Über 50 Prozent der Betroffenen fühlen sich in der Schule »verzweifelt«.
Nach einer Studie im Rahmen der DAK-Initiative »Gemeinsam gesunde Schule entwickeln« von 2009 (www.presse.dak.de/ps.nsf/sbl/7965422BB06A4B71C12576A90027C299?open, Abruf am 10.03.2010).

Viele Kinder stehen unter Medikamenteneinfluss: AD(H)S ist die am häufigsten diagnostizierte psychische Erkrankung bei Jungen zwischen 6 und 18 Jahren; viermal häufiger erfolgt die Diagnose bei Jungen als bei Mädchen. Insgesamt haben 4,8 Prozent der 3- bis 17-Jährigen eine ärztlich oder psychologisch diagnostizierte Aufmerksamkeits-Hyperaktivitätsstörung. Seit 1990 erfolgte eine 150-fache Steigerung der Tagesdosierungen.
Aus der Auswertung einer GEK-Studie von 2008 (https://www.gek.de/x-medien/dateien/magazine/BARMERGEK-ADHS-Report-2008.pdf und www2.bptk.de/uploads/gek_praesentation_glaeske_14.10.08.pdf, Abruf am 10.3.2010)

Häufig werden mit der Benennung dieser Defizite die betroffenen Kinder und Jugendlichen in einem Atemzug mit angegriffen oder abgewertet. Mich berührt aber die Not solcher »verhaltensauffälliger« Kinder, die hinter den manchmal kaum zu ertragenden, andererseits aber auch selbstzerstörerischen Symptomen sichtbar wird. Lernt man diese Mädchen oder Jungen wirklich kennen, sind sie meist gar nicht mehr so schlimm, oft sogar liebenswert und voller interessanter Gedanken – manchmal vielleicht abgrundtief enttäuscht und einsam, aber selten völlig unerreichbar.

Schulen müssen sich Gedanken darüber machen, wie sie den beschriebenen Phänomenen begegnen, aber auch darüber, wie sie mit der Not von und der gesellschaftlichen Sichtweise auf betroffene Kinder und Jugendliche umgehen wollen. Und sie müssen sich fragen, ob und wie sie vielleicht selbst zu bestimmten Verhaltensweisen beitragen, diese verstärken oder möglicherweise sogar selbst produzieren. Oder haben alle Probleme nur etwas mit den Eltern und Schülern, nicht aber mit den Lehrern und dem System Schule zu tun? Bleibt alles so, wie es ist, kann man an Schulen regelrecht zuschauen, wie die Probleme zunehmen. Aber viele Schulen haben sich schon auf interessante Wege begeben und Veränderungen begonnen, die den Schüler/-innen gerecht werden *und* ein besseres Lernklima schaffen.

Wegweiser

Hier einige Ansätze, wie Schulen auf die beschriebenen Veränderungen in der Lebenswelt von Schülern reagieren können:

- *Vernetzung von Schule mit außerschulischen Institutionen:* Lehrer/-innen können die Probleme ihrer Schüler nicht allein lösen, aber jeder Lehrer sollte wissen, wo Schüler/-innen mit seelischen oder familiären Problemen Rat und Hilfe finden. Scheuen Sie sich nicht, Helfer einzuschalten oder zu vermitteln: Beratungsstellen, Schulpsychologische Dienste, Kinderschutzbund, Ärzte für Kinder- und Jugendpsychiatrie, Kindertherapeuten, Jugendämter, Schulsozialarbeiter, vorhandene Jugendnetzwerke, die »Nummer gegen Kummer« (0800-1110333; siehe auch www.nummergegenkummer.de).
- *Schüler helfen Schülern:* Zum Beispiel organisiert ein Gymnasium ein schulinternes kostenloses Nachhilfesystem: Schüler/-innen höherer Klassen geben Jüngeren Nachhilfe.
- *Offenheit für die Lebenswelt der Schüler:* Immer mehr Schulen nehmen die Lebensthemen ihrer Schüler/-innen ernst und geben diesen in schulischen Aufgaben Raum, z.B. durch Schulwettbewerbe oder Projekte zu Themen wie Patchworkfamilien, Alkoholkonsum bei Jugendlichen, Mobbing und Zivilcourage, Lebensträume … Außerdem intensivieren sie Angebote, die auf

Interesse bei Schülern stoßen und sich positiv auf ihr Freizeitverhalten auswirken, z. B. Theater-, Literatur und Musikprojekte, soziale Projekte, sowie Möglichkeiten zur Teilhabe an der schulischen Verantwortung (z. B. »Schul-Ranger« auf dem Pausenhof, Buslotsen, Streitschlichter, Aufbau und Organisation einer Schüler-Cafeteria).

- Unterstützung durch regelmäßige Infoabende für die Schulgemeinschaft zu Themen wie AD(H)S, Sucht, Hirnforschung und Lernen, Umgang mit aggressiven Jugendlichen oder Cyber-Mobbing.
- *Mobbing* ist ein an Schulen häufig unterschätztes Problem, bis die ersten Fälle klar zutage treten. Machen Sie sich Mobbing-Strukturen bewusst und mit schulischen Reaktionsmöglichkeiten vertraut. Ideen und Konzepte finden Sie im »Anti-Mobbing-Buch« (Jannan 2010) und in »Gewalt in der Schule« (Olweus 2008).
- Hilfreiche Anregungen für eine *jungengerechte Pädagogik* sind im »Handbuch Jungen-Pädagogik« (Matzner/Tischner 2010) zu finden.
- Regelmäßige *Entspannungsrituale* sind eine sinnvolle Strukturierungshilfe im Unterricht und dienen der gleichzeitigen Stärkung von Schülern und Lehrern.
- Machen Sie sich mit Techniken der *Gesprächsführung* vertraut, um in Elterngesprächen angemessen reagieren zu können.
- Begeben Sie sich auf den Weg der *Teamentwicklung*, um die Energien in Ihrem Kollegium zu bündeln.

Zum Weiterlesen

Bergmann, W. (2006): Das Drama des modernen Kindes. Weinheim/Basel: Beltz.

Brumlik, M. (Hrsg.) (2007): Vom Missbrauch der Disziplin. Antworten der Wissenschaft auf Bernhard Bueb. 3. Auflage. Weinheim/Basel: Beltz.

Caspary, R. (Hrsg.) (2006): Lernen und Gehirn. Der Weg zu einer neuen Pädagogik. Freiburg: Herder.

Guggenbühl, A. (2006): Kleine Machos in der Krise. Wie Eltern und Lehrer Jungen besser verstehen. Freiburg: Herder.

Hennig, C./Knödler, U. (2000): Problemschüler – Problemfamilien. Weinheim/Basel: Beltz.

Hüther, G. (2009a): Biologie der Angst. Wie aus Stress Gefühle entstehen. 9. Auflage. Göttingen: Vandenhoeck & Ruprecht.

Hüther, G. (2009b): Ohne Gefühl geht gar nichts. Worauf es beim Lernen ankommt. Vortrag, gehalten auf der Veranstaltung »Schule träumen im Theater« in Freiburg. Studio auditorium netzwerk.

Jannan, M. (2010): Das Anti-Mobbing-Buch: Gewalt an der Schule – vorbeugen, erkennen, handeln. Mit Elternheft und Materialien zum Cyber-Mobbing. 3. Auflage. Weinheim/Basel: Beltz.

Matzner, M./Tischner, W. (2010): Handbuch Jungen-Pädagogik. 2. Auflage. Weinheim/Basel: Beltz.

Oaklander, V. (1993): Gestalttherapie mit Kindern und Jugendlichen. 8. Auflage. Stuttgart: Klett-Cotta.

Olweus, D. (2008): Gewalt in der Schule. Was Lehrer und Eltern wissen sollten – und tun können. 4. Auflage. Bern: Huber.

Perry, B. D./Szalavik, M. (2009): Der Junge, der wie ein Hund gehalten wurde. Was traumatisierte Kinder uns über Leid, Liebe und Heilung lehren können. 2. Auflage. München: Kösel.

Spitzer, M. (2002): Lernen. Heidelberg: Spektrum Akademischer Verlag.

Steiner, T./Kim Berg, I. (2006): Handbuch Lösungsorientiertes Arbeiten mit Kindern. 2. Auflage. Heidelberg: Carl Auer.

5 Pädagogische Auseinandersetzungen

Professionalität und die Angst vor Veränderung

An Schulen bzw. an Lehrerinnen und Lehrer werden heute hohe Anforderungen gestellt, denen sie sich als Einzelne nicht immer gewachsen fühlen. Es ist deshalb wichtig, sich bewusst zu machen, wie man als Schule, als Ganzes, mit der pädagogischen Verantwortung umgeht. Denn die pädagogische Haltung des einzelnen Lehrers ist keine private Entscheidung, und Schulen können heute nur sinnvoll und sinnstiftend arbeiten, wenn sie *eine (!)* professionelle pädagogische Haltung entwickeln und vertreten.

Was aber ist eine pädagogische Haltung? Schnell wird argumentiert, dass jede Persönlichkeit anders ist und man nicht den Einheitslehrer »backen« kann. Aber bei einer professionellen pädagogischen Haltung geht es überhaupt nicht darum, ob ein Lehrer bzw. eine Lehrerin eher langsam oder schnell, bedächtig oder temperamentvoll, leise oder laut, ernst oder humorvoll, groß oder klein, dick oder dünn ist.

> Eine professionelle pädagogische Haltung impliziert einen reflektierten Umgang mit sich selbst – als Basis für jedweden Kontakt in der beruflichen Arbeit.

Pädagogische Kompetenz fußt auf ganz anderen Kriterien, ist keine Privatsache und kann und darf nicht der Einstellung des einzelnen Lehrers überlassen bleiben. Denn Schulen haben nicht nur eine Verantwortung dafür, welche Inhalte sie vermitteln, sondern auch dafür, wie sie dies tun. Und damit ist nicht allein die methodische Vorgehensweise gemeint, sondern auch das reflektierte Handeln auf der Basis einer gemeinsamen inneren Haltung.

Oft zeigt die Realität an unseren Schulen eher ein Sammelsurium verschiedenster pädagogischer Ansichten und Überzeugungen. Werden gemeinsame Vorgehensweisen vereinbart, weckt dies bei manchen Lehrerinnen und Lehrern Widerstand: Warum sollten sie etwas mittragen, was sie anders sehen? Nur weil die Mehrheit dies so beschlossen hat? Oder sich in die Karten schauen lassen, sich vor Kollegen oder sogar vor Eltern mit ihrem persönlichen Unterrichtsstil zeigen? Wenn der bisherige und vertraute Ablauf mehr und mehr verändert wird, stößt dies auf Vorbehalte, oft auch auf Ängste. Denn Veränderungen können Angst auslösen, zumal wenn man nicht das adäquate »Handwerkszeug« besitzt, mit ihnen umzugehen (in diesem Fall z.B. Kommunikationstechniken, geschulte Selbstreflexion und Helfersysteme).

Vorschriften, Absprachen oder neue Konzepte im Umgang mit Schülern werden oft als Eingriff in die persönliche Freiheit wahrgenommen und nicht offen diskutiert, sondern versteckt verweigert. Dahinter steckt noch das alte Bild des »Einzelkämpfers« im Unterricht, der sich nichts von der Freiheit nehmen lassen will, selbst zu entscheiden, was im Klassenraum passiert und wie es passiert. Und die Grundlage dieser Haltung wiederum ist oft die Angst vor Veränderung – lieber das Vertraute erhalten, auch wenn es manchmal kaum zu ertragen ist, als sich auf etwas Unbekanntes, Neues einlassen.

> Leben ist Veränderung – und wer sich nicht verändert, wird auch verlieren, was er bewahren möchte.
> *(Gustav Heinemann)*

Das ist übrigens keine Altersfrage. Es »wachsen« jede Menge junger Lehrer/-innen nach, die sich ähnlich verhalten – möglicherweise weil der Lehrerberuf immer noch mit anderen Vorstellungen verknüpft ist und mit entsprechend falschen Erwartungen ergriffen wurde. Hier ein Lehrerkollegium zu erreichen und einen Prozess der Weiterentwicklung anzustoßen, ist deshalb eine außerordentlich wichtige Aufgabe der Schulleitung.

Zerrissenheit im Kollegium

In einer Schule treffen verschiedenste pädagogische Strömungen, Meinungen und Haltungen aufeinander. Lässt man diese Vielfalt nebeneinander bestehen, hat dies Auswirkungen auf das Schulklima und mündet in einen Strudel, der alle mit sich zieht und sich wie ein Schatten über die Schule legt: Ein fehlender Grundkonsens führt zu Konkurrenz und macht das Miteinander in der Schule schwierig und erschöpfend. Kooperation, kollegiales Verhalten und gegenseitige Unterstützung werden erschwert, und manches Kollegium macht einen so zerrissenen oder gespaltenen Eindruck, dass sich dies auch auf die Schüler/-innen auswirkt.

Damit trägt man fatalerweise zur eigenen Überlastung bei, während es umgekehrt zu den tragendsten Erfahrungen im Lehrerberuf gehört, ein Kollegium als Kraftquelle im Rücken zu haben und es als stützende Ressource zu erleben – gerade weil die Arbeit so fordernd und umfangreich ist.

> Tradition ist Bewahrung des Feuers und nicht Anbetung der Asche.
> *(Gustav Mahler)*

Bleiben Schulen in dieser Zerrissenheit verhaftet, werden Probleme wie z. B. Mobbing, sich verweigernde Schüler/-innen, sinkende Leistungsbereitschaft oder Konflikteskalationen zunehmen. Dies muss auch Schulleiterinnen und Schulleitern klar sein und sie motivieren, an neuen Wegen zu arbeiten und sich entsprechend coachen zu lassen, damit sie wirklich leiten, d. h. ein Kollegium zu konstruktiven Wegen anleiten können. Nicht durch Zwang – was noch nie funktioniert hat, weil es die Inhalte von vornherein ad absurdum führt –, sondern durch Motivation und Initiierung eines wirklichen Teamprozesses! Sehen Schulleiter/-innen diese Notwendigkeit nicht, tragen sie mit dazu bei, dass Lehrer/-innen in Überforderungssituationen auch heute noch mit Methoden der »schwarzen Pädagogik« reagieren, d. h. Schüler/-innen in ihrem Wert als Mensch abwerten, indem sie sie vorführen, blamieren oder beschämen. Manch ein Schultrauma wird dadurch ausgelöst – das darf nicht (mehr) passieren!

Privatschulen haben viel größeren Spielraum, eine gemeinsame und für alle gültige pädagogische Haltung zu entwickeln und diese auch mit Leben zu füllen. Wer dort den gemeinsamen Weg nicht mittragen will, ihn vielleicht sogar sabotiert, kann entlassen werden. Das geht im Regelschulsystem kaum, was zum Nebeneinander von widersprüchlichen Haltungen führt und leider auch veraltete und destruktive Konzepte schützt und bewahrt.

Um Handlungskompetenz im Umgang mit der Dynamik in vielen Kollegien zu haben, brauchen Schulleitungen heute mehr denn je Führungskompetenz in Sachen Teamentwicklung – denn Mehrheitsbeschlüsse von Lehrerkonferenzen leiten bei veränderungsunwilligen Kolleginnen und Kollegen noch lange kein Umdenken ein.

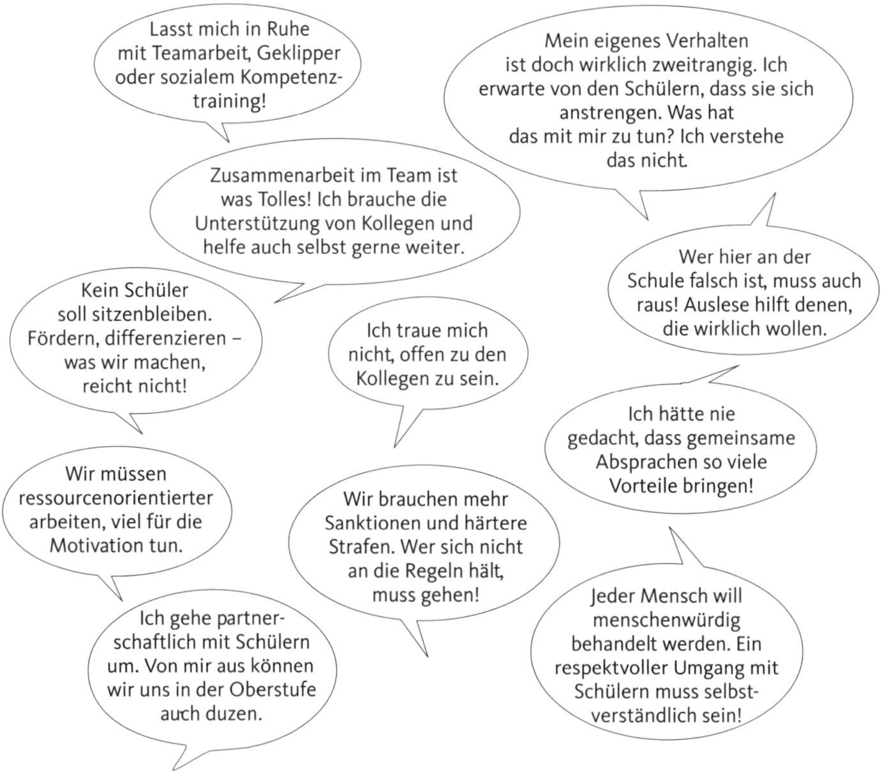

Ich will meinen Unterricht machen – verschont mich mit irgendwelchen neuen Methoden!
Positivlisten sind Quatsch. Ich mache Minuspunkte z. B. für fehlendes Material und Hausaufgaben. Dass man die Dinge dabei und die Hausaufgaben gemacht hat, ist ja wohl selbstverständlich.
Klar lasse ich mal Sprüche gegen Schüler los – hat's bei mir früher auch gegeben!
Ich will positive Leistungen nicht als Selbstverständlichkeit sehen, sondern auch herausstellen. Darum arbeite ich mit Positivlisten.
Ich mag meine Schüler und finde es toll, was sie auf die Beine stellen. Über Projekte lernen sie so viel. Lasst uns mehr gemeinsam planen! Die Eltern lassen sich auch gerne dafür einspannen.
Ich freue mich an unserer Arbeit und möchte den Eltern viele Ergebnisse vorstellen, damit die sehen, was ihre Kinder alles können.
Ich bin Einzelkämpfer und lasse mir nicht reinreden. Wenn ich etwas machen soll, was ich nicht einsehe, gehe ich zur Schulbehörde und beschwere mich. Ich sitze fest im Sattel und bin verbeamtet, mir kann nichts passieren.
Wir sind Vorbilder und müssen entsprechend auf uns achten!
Lehrer sind keine Sozialarbeiter! Ich will mich mehr auf meinen Unterricht konzentrieren, für Erziehung sind die Eltern zuständig.

Auf dem Weg zu einem gemeinsamen Leitbild

Ich möchte dazu ermutigen, dass Schulen vertraute, aber erschöpfende Vorgehensweisen infrage stellen und sich auf überlegt gestaltete Veränderungsprozesse einlassen – nicht um das Arbeitspensum weiter zu erhöhen, sondern um in die kraftgebende Erfahrung der verstärkten Selbstwirksamkeit zu kommen: *Wir als Ganzes können etwas bewirken und – darauf aufbauend – auch ich als Einzelne(r).* Eine Vorstellung davon erhalten Sie in Teil B dieses Buches, dessen Inhalte in der nachfolgenden Übersicht auf Seite 68 dargestellt sind. Diese Grafik hat sich in Fortbildungen als sehr hilfreich erwiesen, da sie sowohl die Ausgangsproblematik als auch mögliche Schulentwicklungsschritte verdeutlicht.

Grundvoraussetzung ist, dass Schulen Verständnis für die Ausgangslage entwickeln, also sowohl für die Lebenswelt der Kinder und Jugendlichen als auch für den Ist-Zustand des eigenen Kollegiums. Beide Zustände haben ihre Ursachen, und es ist wenig hilfreich, sich gegenseitig die Verantwortung für die Probleme in die Schuhe zu schieben, was meist auch noch in abwertender Art und Weise geschieht. Stattdessen gilt es, Wege zu finden, die den hochbelasteten schulischen Alltag für beide Seiten stabilisieren und effektivere Lern- und Lebenserfahrungen ermöglichen.

Veränderung kann nur von den Erwachsenen ausgehen, denn Kinder sind das Spiegelbild und das »Produkt« der Erwachsenenwelt. Verändert sich diese, wirkt sich dies immer auch auf die Kinder und Jugendlichen aus.

Nehmen Sie sich deshalb als Schulgemeinschaft die Zeit, ein Leitbild für Ihre Schule zu entwickeln, das sich auf die im unteren Teil der Grafik genannten Punkte stützt. Nehmen Sie sich dafür *wirklich* Zeit – betreten Sie den Weg der langsamen Auseinandersetzung mit ersten Punkten und entwickeln Sie Schritt für Schritt eine fundierte pädagogische Haltung. Aktionismus ist hier fehl am Platz. Die Erfahrung zeigt, dass die Arbeit von Lehrer/-innen effektiver,

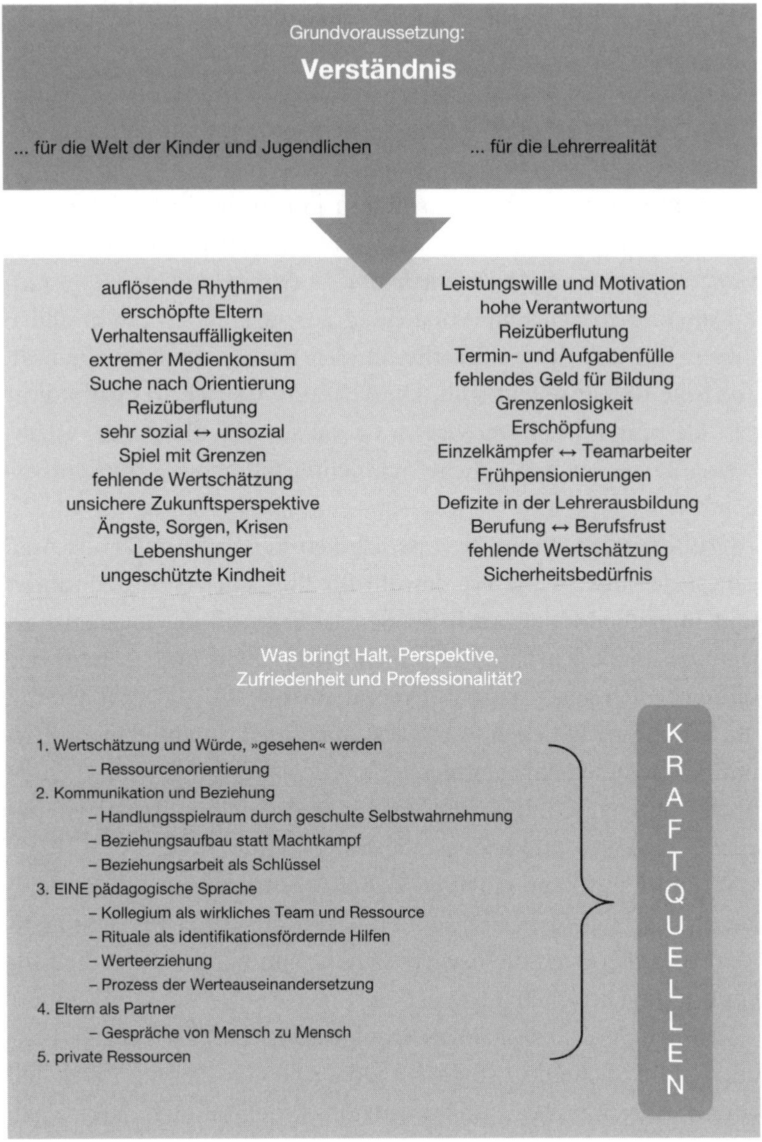

Abb. 1: Halt, Perspektive, Zufriedenheit und Professionalität

transparenter und professioneller wird, wenn eine Schulgemeinschaft diesen Weg gemeinsam vertrauensvoll beschreitet.

Zugleich dient dieser Weg auch dazu, Überforderungssituationen, denen Lehrer und Schüler durch die Mängel im System Schule gleichermaßen ausgesetzt sind, entgegenzuwirken. Klassen mit 30 Schülern werden dadurch nicht erträglicher, aber ohne eine gemeinsame professionelle Vorgehensweise und kollegiale Unterstützung sind solche Gruppen fast nicht mehr zu unterrichten.

Gerade weil Schüler/-innen heute verstärkt Halt und Bindung brauchen und allenthalben über Werteverfall geklagt wird, benötigen Schulen ein Leitbild, also eine klare Vorstellung davon, wie sie das Zusammenleben und -lernen gestalten wollen. Denn ein »haltloses« Kollegium kann keine Sicherheit und Orientierung geben, geschweige denn Erfahrungen von Bindung ermöglichen. Und dass Letztere unabdingbar fürs Lernen und fürs Leben sind, wissen wir mittlerweile auch aus der Hirnforschung und Entwicklungspsychologie.

Wegweiser

Im folgenden Teil B dieses Buches finden Sie zahlreiche Beispiele, Anregungen und Einstiegsmöglichkeiten, mit deren Hilfe Sie sich Ihre persönliche Ausgangssituation und die Ihrer Schule bewusst machen können. Zusätzlich finden Sie nach jedem Kapitel konkrete Literaturhinweise, die Ihnen helfen, die jeweilige Thematik zu vertiefen, sowie ggf. weitere »Wegweiser«.

Teil B: Ansatzpunkte der Veränderung

1 Wertschätzung und Würde

»Wenn es gut ist, muss man das nicht sagen. Das ist ja wohl selbstverständlich.«
Eine Schulleiterin zum Konrektor

»Gratulation zu Ihrer Klassenführung. Es freut mich sehr, wie sich die Klasse unter Ihrer Leitung entwickelt hat.«
Ein Schulleiter zu einer jungen Lehrerin

Jeder Mensch möchte gesehen und geschätzt werden – egal ob groß oder klein. In der freien Wirtschaft wird Anerkennung über Gehaltssteigerungen, Zulagen oder Aufstiegsmöglichkeiten ausgedrückt. Bei Lehrerinnen und Lehrern ist dies nur sehr begrenzt möglich. Ob sie ihre Arbeit gut oder schlecht machen, wird nicht über das Gehalt sichtbar. Sie sind deshalb umso mehr darauf angewiesen, Wertschätzung über andere Wege zu erhalten. Dies macht bedürftig, vor allem, wenn man selten ein »Danke« oder »Es hat mir sehr gut gefallen, wie Sie den Elternabend aufgebaut haben« bekommt.

Viele Lehrer/-innen vermissen Anerkennung und die Wertschätzung ihrer Arbeit. Das häufig defizitorientierte Schulsystem zeigt mit dem Finger viel schneller auf die Mängel als auf die Potenziale. Wird dann sogar noch das Positive mit Kritik gekoppelt, bleibt eigentlich nichts Positives mehr übrig: »Das Schulfest war ja sehr schön, *aber* Sie müssen die Aufsicht beim nächsten Mal besser organisieren«; »Das Sportfest lief zum Glück ohne Zwischenfälle ab, *aber* der Müll wurde vergessen.«

Solche Rückmeldungen verstärken das Gefühl, nicht gut genug zu sein, nicht zu genügen, und erhöhen den Anspruch, beim nächsten Mal nur ja an jede Eventualität zu denken, alles im Griff haben zu wollen – oder nehmen mit der Zeit jegliche Lust am Engagement. Wird der Fokus zu stark auf den Mangel gelegt, sinkt die Bereitschaft, sich für die Schule zu engagieren – man holt sich ja doch nur Kritik ab. Das frustriert. Wer sich nicht engagiert, hat es dann paradoxerweise leichter.

Schulen, die darauf achten, ein Klima voller Respekt und Wertschätzung zu gestalten, legen den Schwerpunkt auf Fragen wie »Was lief gut? Was kann ausgebaut werden? Was freut uns?« statt auf »Was fehlt? Was muss besser werden?«. Dadurch entsteht eine Atmosphäre von Gemeinsamkeit und Freude auch an kleinen Schritten – erst dann werden auch große möglich. In vielen Kollegien dagegen löst ein einzelnes Lob bei anderen Neid und Groll aus. Wenn dies der Fall ist, lässt das auf zwei Dinge schließen, nämlich

> Machen Sie sich Erfolge bewusst und feiern Sie Gutes! Über Verbesserungsmöglichkeiten können Sie auch später noch diskutieren.

- dass Wertschätzung nur selten geäußert und Lob äußerst sparsam verteilt wird und
- dass der Neiderfüllte möglicherweise nicht gut für sich selbst sorgt und seine persönliche Bedürftigkeit auch in der Schule gestillt bekommen möchte.

Wertschätzung wird manchmal gehandhabt wie ein Kuchen, der nur zwischen einigen wenigen aufgeteilt werden kann. Sind die Kuchenstücke verteilt, bleibt für den Rest nichts mehr übrig. Deshalb wird um jedes Kuchenstück gekämpft, und es fällt denen, die nichts bekommen, schwer, sich mit den anderen zu freuen.

Aber Freundlichkeit, Interesse, Lob, Anerkennung von Ressourcen und Leistungen können ebenso überschwänglich verteilt werden, wie manche nur Kritik verteilen – nur sind die Auswirkungen viel positiver und sinnstiftender. Vor allem sind sie die Grundlage für die bald wachsende Fähigkeit aller Beteiligten, sich mit größerer Leichtigkeit Positives zu spiegeln oder echtes Mitgefühl zu empfinden, wenn Dinge schiefgehen.

So sollte es sein: Wertschätzung nicht für Leistung, sondern als Grundhaltung im Umgang miteinander!

Wertschätzung – und zwar nicht nur für besondere Leistungen, nicht nur im Sinne von Lob, sondern als eine Haltung im Umgang miteinander – ist von tragender Bedeutung im zwischenmenschlichen Umgang, d.h. auf allen Kontaktebenen in der Schule, sei es zwischen Lehrern und Schülern, zwischen Erwachsenen untereinander oder zwischen Kindern bzw. Jugendlichen untereinander.

Je weniger Wertschätzung in Kollegien vorhanden ist, umso größer sind der Neidfaktor und die Profilierungssucht Einzelner. Man kann sich schlecht mit anderen freuen, wenn der eigene Mangel des Nicht-gesehen-Werdens zu groß ist. Kollegien, in denen Neid, Groll und Enttäuschung regieren, neigen zusätzlich zu mangelnder Offenheit und zum Reden *über* andere statt *mit* anderen. So wird eine vertrauensvolle Atmosphäre im Kollegium verhindert, was es dann wiederum unmöglich macht, dass ein vertrauensvolles Schulklima entstehen kann.

Die eigene (intrinsische) Motivation muss schon sehr hoch sein, wenn Lehrer sich weiterhin engagiert einsetzen, auch wenn sie sich nicht gesehen fühlen. Manch einer ist in Gefahr, dann nur noch »Dienst nach Vorschrift« zu machen und den Sinn seiner Arbeit zu verlieren.

Ressourcen- oder defizitorientierte Haltung – welche Brille haben Sie auf?

So wie ich durch die Wohnung gehen kann und nur den Staub, die Unordnung und die unbearbeiteten Papierstapel aus den letzten Ferien wahrnehmen kann, so kann ich auch in der schulischen Arbeit nur Fehler, Probleme und Verhaltensauffälligkeiten der Schüler/-innen registrieren. Dieser defizitorientierte Blick hat aber die Konsequenz, dass ich das Gefühl bekomme, nie zu genügen – der beste Weg, um die innere Unzufriedenheit und die Probleme zu verstärken. Der *eine* herumzappelnde Schüler bündelt dann die ganze Aufmerksamkeit, während der Rest der Gruppe, der vielleicht fantastisch arbeitet, nicht registriert wird. Schade für die Kraft des Lehrers, schade aber auch für die Klasse, die dadurch keine positive Rückmeldung bekommt!

Die Rolle der Schulleitung

Wertschätzung ist also eine wichtige Kraftquelle und Motivation. Vielen Schulleiterinnen und Schulleitern ist auch bewusst, wie unterstützend und motivierend es für jeden einzelnen Lehrer ist, wenn er sich gesehen und anerkannt fühlt. Es gibt aber auch Schulleiter/-innen, die sich weiterhin als Teil des Kollegiums fühlen und sich ihrer Leitungsfunktion und ihrer Rolle überhaupt erst einmal bewusst werden müssen. Für sie gilt es zu lernen, dass sie zwar dieselben Fächer unterrichten wie manche Lehrer/-innen, dass sie aber trotzdem einen anderen Platz in dem Gefüge der Pädagogen einnehmen – sie sind wichtiger für das Kollegium, als sie selbst oft glauben. Denn Kolleginnen und Kollegen können sich gegenseitig noch so sehr unterstützen, wenn sie keine »Fürsorge« durch die Schulleitung im Sinne von Wertschätzung erfahren, wächst die Unzufriedenheit im Kollegium trotzdem. Dann leben alle in einem Vakuum, was wiederum Auswirkungen auf die Schüler/-innen und die Schulatmosphäre hat.

So wie Lehrer/-innen bei ihren Schülern positive Bestrebungen erkennen und verstärken sollten, leisten Schulleiter einen häufig unterschätzten Beitrag zur Verbesserung der Atmosphäre im Kollegium, wenn sie den einzelnen Lehrerinnen und Lehrern wertschätzend begegnen, sich für sie interessieren und ihr Engagement wahrnehmen. Dazu gehört auch, die Wertschätzung in Worte zu fassen und mitzuteilen. Letztendlich ist dies die Nahrung, die Motivation auslöst, und der Nährboden für weiteres Engagement und den Mut, Neues auszuprobieren.

Neid, ausgelöst durch ein tiefes Mangelgefühl, kann abgebaut werden, wenn generell spürbar ist, dass die Schulleitung sich für die einzelnen Lehrer/-innen interessiert, sie wahrnimmt und das Gespräch mit ihnen sucht. Dann hält man es auch gut aus, wenn andere gute Ideen haben und diese gewürdigt werden. Man kann sich mit ihnen freuen, weil man ebenfalls Momente der Wertschätzung erlebt. So kommt es, dass sich manche Kollegien an dem Engagement ihrer Lehrkräfte freuen können, Aushänge zu besonders guten Ideen, Erlebnisse oder Entwicklungen machen und diese feiern, während sich andere nicht einmal die Butter auf dem Brot gönnen. Dies kann durch eine ressourcenorientierte Haltung abgebaut werden.

Der ressourcenorientierte Blick hebt Positives hervor und nimmt es nicht einfach als selbstverständlich hin. Indem ich mich an dem Positiven freue und es herausstelle, wird es sich verstärken. Damit fallen Mängel nicht unter den Tisch, sondern sie fallen auf, gerade *weil* das Positive betont wird. Erkennt und verstärkt ein Schulleiter positive Entwicklungen im Kollegium, braucht er oft die negativen gar nicht mehr zu benennen. Und trotzdem ist allen klar – besonders den Betroffenen –, was schlecht oder falsch gelaufen ist oder wo sie genauer hinschauen sollten.

Ressourcenorientierte Haltung	**Defizitorientierte Haltung**
»Danke für Ihre geäußerten Rückmeldungen bezüglich der Strukturierung von Besprechungen in unserer Schule. Ich bin froh über jede Anregung, weil wir so auf neue Wege kommen. Schön, dass mehr als die Hälfte von Ihnen sich eingebracht hat.«	»Es nervt mich, dass fast die Hälfte von Ihnen nichts sagt.« *Im schlimmsten Fall könnte noch der Zusatz kommen:* »… scheint Ihnen ja nicht wichtig zu sein.« *(Abwertung)*
»Sie sind jetzt ein halbes Jahr an der Schule. Wie geht es Ihnen? Was gefällt Ihnen hier, was gar nicht? Wie schätzen Sie selbst Ihre Arbeit ein? Das alles möchte ich gerne alle sechs Monate mit Ihnen besprechen. Es ist mir wichtig, dass Sie zurechtkommen und zufrieden sind.«	»Ich spreche nur mit einzelnen Kolleginnen und Kollegen, wenn etwas zu klären ist. Ansonsten erwarte ich, dass der Laden läuft.«

Ressourcenorientierte Haltung	**Defizitorientierte Haltung**
»Mir gefällt an Ihrer Arbeit, dass Sie sich gut absprechen, von Anfang einbringen und nicht scheuen Fragen zu stellen. Könnten Sie sich vorstellen, Ihre Hospitationen noch eine Zeit lang auszubauen? Ich habe den Eindruck, dass dies Entspannung und mehr Sicherheit in Ihre Arbeit gebracht hat.«	»Mir gefällt nicht, dass Ihr Unterricht zu laut und regellos abläuft und dass die Eltern sich laufend über Sie beschweren. Hospitieren Sie mehr. Das geht so nicht.«
»Es freut mich, dass fast alle die wichtige Frist für die Elternsprecherwahl eingehalten haben. Vielen Dank. Es sind zum Glück jedes Jahr mehr, die daran denken. Große Bitte an alle, mal gemeinsam zu überlegen, was noch geändert werden müsste, damit alle ihrer Verantwortung nachkommen und zuverlässig die Frist einhalten. Das Sekretariat kann die zusätzliche Arbeit nur schwer bewältigen. Allen wäre sehr geholfen, wenn jeder mitdenkt. Welche Unterstützung brauchen Sie von mir?« • *Gedanken Lehrer A:* »Freut mich, dass er sieht, wer alles die Frist eingehalten hat.« • *Lehrer B:* »Ich bin so chaotisch, ich gestehe es mir ein. Ich habe mit jeder Frist Probleme. Der Jahresplaner im Lehrerzimmer ist zu unübersichtlich. Mir würde es helfen, wenn die Termine eines Monats immer gut sichtbar aushängen würden.« • *Lehrer C:* »Ich habe jetzt erst verstanden, was das für eine Arbeitsbelastung für andere auslöst. Das möchte ich nicht. Ich achte besser auf meinen Terminkalender und auf mich.«	»Ich finde es unmöglich, wer alles wieder die Fristen für die Elternsprecherwahl nicht eingehalten hat. Muss ich denn jeden persönlich dran erinnern? Man merkt, wie gleichgültig das einigen ist.« • *Lehrer D:* »Ich war rechtzeitig und muss jetzt diesen Rundumschlag aushalten. Ist doch egal, ob ich mir Mühe gebe. Mich nervt diese Atmosphäre.« • *Gedanken Lehrer E:* »Ist doch jedes Jahr der gleiche Ärger – egal ob ich dran denke oder nicht. Der kann mich mal.«

Im Lehrerzimmer

Lehrer/-innen fällt es viel leichter, eine wertschätzende Haltung mit ins Klassenzimmer zu nehmen, wenn sie im Kollegium selbst Wertschätzung und eine Atmosphäre der gegenseitigen Unterstützung erleben. Kommen sie stattdessen aus einer eher kraftraubenden Kollegiumsatmosphäre, müssen sie ganz andere Kräfte im Klassenzimmer entwickeln.

> Ideenreichtum, Kreativität und Freude an den Aufgaben werden nur in einer Atmosphäre freigesetzt, die von gegenseitigem Respekt und Wertschätzung getragen ist.

Für viele soziale Berufe ist es selbstverständlich, das Team als Kraftquelle zu nutzen, gerade um die anstrengende und fordernde Arbeit zu bewältigen. In Schulen fällt dies oft schwerer, auch weil manche Kollegien sehr groß sind und eher in Einzelgrüppchen zerfallen. Das wäre auch nicht weiter schlimm, wenn alle eine grundsätzlich ressourcenorientierte Haltung hätten. Ist dies aber nicht der Fall, müssen sich die einzelnen Gruppierungen voneinander abgrenzen, um sich selbst zu bestätigen: Die eine Seite schmerzt es, wenn über Schüler/-innen chronisch negativ geredet wird, die andere Seite hat andauernd den Verdacht, dass die anderen nur »Kuschelpädagogik« betreiben. So macht man sich gegenseitig das Leben schwer. In Konferenzen treffen dann alle aufeinander und verstehen nicht, warum es so schwierig ist, offen miteinander zu reden.

Offenheit unter Lehrerinnen und Lehrern ist möglich, wenn sie sich darauf verlassen können, dass sie von Gleichgesinnten umgeben sind – Gleichgesinnte, die vielleicht ihre Meinung kritisieren, aber sie niemals als Mensch infrage stellen.

Ressourcenorientierung im Unterricht

Defizitorientierung führt langfristig dazu, dass auch die Wertschätzung für das Gegenüber schwindet. Sieht man z. B. bei Schülern vor allem das negative Verhalten, die »asoziale« Sprache, die provozierenden Sprüche und Gesten, steigt mancher Lehrer aus Hilflosigkeit schnell in einen Machtkampf ein, indem er die Gruppe oder Einzelne abwertet, was aber den Kampf nur verstärkt und chronisch werden lässt. Jede Stunde beginnt mit Widerstand von beiden Seiten; Misstrauen und im schlimmsten Fall Angst beherrschen das Klima. Unnötig zu fragen, was eine solche Unterrichtsatmosphäre an Kraft kostet! Und Jugendliche, die sich dem Unterricht ja nicht einfach entziehen können, werden »dichtmachen«, krank werden oder sogar die Schule schwänzen. Im Lehrerzimmer kann man mit einem defizitorientierten Blick vielleicht noch umgehen, weil alle gleichberechtigt und dadurch in der Lage sind, Grenzen zu setzen. Im Klassenzimmer birgt eine solche Haltung aber neuen Zündstoff, weil Schüler/-innen sich dann erst recht ihrer Abhängigkeit bewusst werden, zumal wenn der defizitorientierte Blick dazu benutzt wird, ihnen Druck zu machen und ihnen vorzuschreiben, wie sie sich zu verhalten haben (»Wer recht hat, bestimme immer noch ich – du hast hier gar nichts zu sagen!«).

Die emotionale Arbeit mit Kindern und Jugendlichen fordert Lehrer/-innen persönlich viel stärker als früher, kann aber auch sehr bereichern, wenn man sich darauf einlässt. Viele Lehrer unterschätzen, wie wichtig sie für ihre Schüler/-innen sind, gerade wenn diese im häuslichen Rahmen sehr alleingelassen werden. Deshalb ist es wichtig, sich als Lehrer/-in den eigenen Blickwinkel auf die Schüler/-innen bewusst zu machen (vgl. die nachfolgende Übersicht).

Spreche ich Lehrer/-innen mit einer defizitorientierten Sichtweise auf ihr Verhalten an, verläuft das Gespräch typischerweise so:

»Ich belohne doch nicht Dinge, die selbstverständlich sind. Hausaufgaben sind zu machen und verdienen kein Plus.«

»Das macht den Eindruck, als ob es für Sie eine persönliche Schwäche bedeutet, Anreize zu setzen?«

»Ja, ich bin doch nicht der Hampelmann der Schüler!«

»Macht der Schüler mit Ihrer Methode denn sonst die Hausaufgaben?«

»Nein, er verweigert sich. Das ärgert mich ja so.«

»Wissen Sie, was mit ihm los ist? Das setzt ihm doch zu?!«

»Ich glaube, das ist ihm egal.«

<table>
<tr><th>Ressourcenorientierte Haltung</th><th>Defizitorientierte Haltung</th></tr>
<tr><td>»Wer hat die Hausaufgaben gemacht? Jeder bekommt ein Plus.«</td><td>»Wer hat alles keine Hausaufgaben gemacht? Jeder bekommt dafür ein Minus.«
Timo (12): »Schon wieder ein Minus. Mir doch egal. Sammel ich halt Minusse. Hab eh kein' Bock.«
»Ja, das sehe ich. Ist schon dein vierter Minuspunkt in drei Wochen.«
»Mir doch egal.«
»Na, dann mach nur so weiter!«
»Ja, mach ich auch!«</td></tr>
<tr><td colspan="2">Sichtbar wird bei beiden Wegen,
wer Hausaufgaben gemacht hat und wer nicht.
Der Fokus ist nur verschoben und setzt entweder einen Reiz
zur positiven Verhaltensänderung oder verstärkt eine
destruktive Haltung.</td></tr>
<tr><td>⇓

Alle Schüler/-innen, die ihre Aufgaben gemacht haben, fühlen sich dadurch gesehen, motiviert und gestärkt. Und diejenigen, die nichts getan haben, erhalten keine Aufmerksamkeit, aber die Chance, sich in der nächsten Stunde auch ein Plus zu verschaffen. Dies schafft eine bessere Atmosphäre und den Antrieb zur Verhaltensänderung, da die Freude der anderen anstecken und motivieren kann.</td><td>⇓

• kann schnell in Kampf und Verweigerung ausarten
• provoziert Druck und Machtkämpfe
• mangelndes Wohlbefinden, fehlende Lernbereitschaft</td></tr>
<tr><td colspan="2">Lehrerreaktion auf Timo:</td></tr>
<tr><td>»Was braucht der Junge? Wo sind seine Potenziale? Wie können wir ihn stärken? Ich will mit ihm reden.«</td><td>Lehrerreaktion auf Timo:
»Ist er hier auf der Schule richtig? Er wird immer schlechter.
Er ist faul.«</td></tr>
</table>

Eine ressourcenorientierte Sichtweise versetzt den Lehrer dagegen in die Lage, ein lösungsorientiertes Gespräch zu führen, das in diesem Beispiel so aussehen könnte:

»Timo, mir fällt auf, dass du in den letzten drei Wochen noch nie einen Punkt für Hausaufgaben bekommen konntest. Ich mache mir Sorgen um dich. Wie kommt es, dass du keine machst?«

»Hab keine Lust.«

»In anderen Fächern ist das auch so, ich hab mich mal erkundigt. Fallen dir die Hausaufgaben schwer?«

»Ich hasse Hausaufgaben, ich will lieber mit meinen Freunden spielen.«

»Und was sagen deine Eltern dazu?«

»Die arbeiten beide. Mein Opa hilft mir manchmal. Meine Mama sagt, das soll er, aber der schimpft andauernd mit mir.«

»Das klingt so, als ob er dir sehr auf die Finger schaut.«

»Ja, er weiß alles besser, ich krieg dann gar nichts hin ... Dabei hätte ich auch gerne mal ein Plus in der Schule, wie meine Freunde.«

»... und ich würde dir auch gerne mal eins geben. Was hältst du davon, wenn wir uns mal mit deinen Eltern und vielleicht auch deinem Opa zusammensetzen und gemeinsam überlegen, was wir mit dieser Situation machen könnten, damit du zufriedener und besser in der Schule wirst? Einverstanden?«

»Hm, ja, O.K.«

Mögliche Lösungen

Timo kann seine Hausaufgaben noch nicht völlig alleine und selbstständig machen. Er braucht Anleitung und Motivation. Das könnte bedeuten:

- Er wechselt in den Ganztagsschulbereich mit betreuten Hausaufgaben;
- er geht nachmittags in den nahegelegenen Hort mit Hausaufgabenbetreuung oder ...
- Großvater und Enkel wollen eigentlich doch zusammen lernen und sprechen andere Vorgehensweisen und Regeln ab oder ...

Timo ist so gut strukturiert, dass man ihm zutrauen sollte, seine Hausaufgaben allein zu machen und sie abends gegebenenfalls noch den Eltern zu zeigen.

Wichtig ist es, eine Lösung zu finden, für die Timo auch ernsthaft die Verantwortung mit übernimmt. Zeigt er keine Bereitschaft, die gemeinsam gefundene Lösung mitzutragen, könnte es sein, dass die Gründe tiefer liegen:

- Er ist ärgerlich auf seine Eltern und fühlt sich von diesen alleingelassen.
- Vielleicht haben auch seine Eltern nur einen Blick auf die Defizite, machen zu viel Druck und geben Positivem keine Aufmerksamkeit – bekommt Timo über sein »Fehlverhalten« vielleicht mehr Aufmerksamkeit? Sein Verhalten könnte also ein Hinweis auf einen selbstzerstörerischen Weg sein, mit dem Timo seinen Eltern unbewusst etwas mitteilen will, aber sich selbst massiv schadet.

Oft hat es erst einmal den Anschein, als sei der Weg, verstärkt mit dem Schüler in Kontakt zu gehen, nachzuhaken, sich einzufühlen und ihn verstehen zu wollen, der aufwendigere, der dann vielleicht aus Zeitdruck wieder vermieden wird. Aber wie das Beispiel von Timo zeigt, bringt er Kontakt und verbessert die Bindung. Wenn ein Kind, das nicht das leistet, was verlangt wird, trotzdem Wertschätzung spürt – einfach nur, weil nach dem Grund für sein Verhalten gefragt und es nicht vorschnell verurteilt wird –, nimmt es auch wahr, dass ihm damit eine Tür geöffnet wird. Dies erhöht seine eigene, innere Bereitschaft zur Verhaltensänderung.

Wertschätzung und Selbstwertgefühl

Lob ist wie eine Feder. Von Zeit zu Zeit ein Lob und Menschen bekommen Flügel. *(Phil Bosmans)*

Wertschätzung ist viel umfassender als nur zu loben. Selbstverständlich versuchen viele Lehrer/-innen, ihre Schüler zu loben. Wichtig ist aber, ob dieses Lob in eine positive Grundhaltung integriert ist. Ein Lob von einem Lehrer, der auch schnell abwertende Sprüche verteilt, wird zwar vom Schüler registriert und manchmal gesammelt wie eine seltene Kostbarkeit. Es nimmt aber nicht die Spannungen aus dem Unterricht und fördert auch die Motivation nicht in demselben Maße wie bei Lehrer/-innen, die ihre Schüler spürbar schätzen.

Selbst für die Lehrer/-innen als Beobachter kann es schön und berührend sein, wenn man Schülergruppen dazu auffordert (als Bitte und nicht als Verpflichtung!), sich gegenseitig zu sagen, was sie aneinander mögen. Macht man das häufiger, halten es die Schüler/-innen auch besser aus, wenn ihnen gesagt wird, mit welchen ihrer Ansichten oder Verhaltensweisen ihre Mitschüler vielleicht Probleme haben, denn wer sich wertgeschätzt weiß, kann freier und innerlich gestärkt auf sein eigenes Verhalten schauen.

Wertschätzung
= Ich achte meinen eigenen *Wert* und den anderer Menschen.

Dies impliziert die Grundhaltung, dass ich mein Gegenüber respektiere, seine *Würde* und seinen Lebensweg achte.
Ich »*ver*-achte« ihn nicht, auch wenn ich vielleicht an Grenzen stoße, weil ich manche seiner Verhaltensweisen nicht nachvollziehen kann.
Ich habe aber erkannt, dass sich mein Gegenüber nur dann auf Veränderungen einlässt, wenn ich ihm seine *Würde* und seinen *Wert* nicht nehme. Dann kann er ein Stück weit seinen *Selbstwert* spüren und ist dadurch vielleicht in der Lage, sich auf Neues einzulassen – weil er spürt, dass es sich für sein Leben und sein Wohlbefinden lohnt, und nicht, weil er sich unter Druck, aber ohne innere Überzeugung einfügt und »gehorcht«.

Wertschätzung weckt viele Kräfte. Es tut Kolleginnen und Kollegen, Schüler/innen und auch – nicht zu vergessen – verunsicherten Eltern einfach gut, verstärkt zu hören, was geschätzt wird. Und Wertschätzung stärkt das Selbstwertgefühl – das ist gerade in der Arbeit mit Kindern und Jugendlichen immens wichtig: Lehrer/-innen haben es tagtäglich in der Hand, das Selbstwertgefühl von Kindern zu stärken oder zu schwächen. Durch ihre Haltung können sie massiv auf die Art und Weise einwirken, wie ein Kind oder ein

Jugendlicher die Welt erlebt und welche Bewältigungsstrategien er entwickelt: Erlebt er über einen langen Zeitraum hinweg, dass nur seine Mängel gesehen werden, oder lernt er sogar, dass es nur über seine »Fehler« Aufmerksamkeit erhält, vertieft sich das Lebensgefühl »Ich bin nichts wert« (siehe auch die folgende Übersicht, Abb. 2).

Dieses Gefühl kann von Eltern, Lehrern und Mitschülern ausgelöst oder verstärkt werden. Wird dann auch noch wenig Kontakt zu einem Kind hergestellt, versucht oder weiß man nicht, es zu erreichen, lebt dieses oft in großer innerer Einsamkeit. Diese drückt sich entweder in Rückzug aus – das sind Kinder, die im Unterricht lange nicht auffallen, weil man oft nur mit den »Störern« beschäftigt und froh ist über jedes ruhige Kind – oder im aggressiven Angriff und Machtkampf. Aber ebenso wie Eltern, Lehrer/-innen und Mitschüler ihren Teil zur Verringerung des Selbstwertgefühls beitragen können, können sie es auch stützen und stärken.

> Den *Wert* jedes einzelnen Schülers/jeder einzelnen Schülerin nicht zu schmälern, sondern zu *stärken*, sollte tagtägliche Haltung im Lehrerberuf sein. Sie selbst werden ganz neue Freude empfinden, wenn Sie Schülern grundsätzlich mit dieser Haltung begegnen.
>
> Und wenn Ihre Schüler/-innen Ihnen diese Haltung mit der Zeit glauben, bringen sie Ihnen auch Vertrauen und Kooperationsbereitschaft statt Misstrauen und (gespielte) Gleichgültigkeit entgegen.

Übungen zur (eigenen) Wertschätzung

?! Tankstelle

- Nutzen Sie mit einer Klasse bzw. Gruppe eine Stunde, in der Sie gemeinsam die Potenziale, Fähigkeiten und positiven Kräfte aller Schüler/-innen sammeln. Achten Sie unbedingt darauf, jeden Schüler zu berücksichtigen und keinen auszuschließen. Auch für aggressive Schüler, die viele »nerven«, lassen sich mit Sicherheit positive Seiten finden. ?!

Auswirkungen von geringem Selbstwertgefühl

- »Ich bin nichts wert.«
- »Ich mag mich nicht.«
- Neid, Eifersucht
- große Bedürftigkeit
- Angst, zu kurz zu kommen
- Angst vor Kritik
- Angst, sich zu blamieren
- neue Aufgaben machen Angst
- Versagensangst
- Angst vor Schwäche
- Verstecken von Fehlern aus Angst vor Abwertung
- dadurch Probleme mit der Selbstverantwortung – mehr Lügen und Ausreden
- psychosomatische Krankheiten
- Flucht in die Sucht
- im Extremfall: Selbstzerstörung → Sucht → Suizid → Amok (»Dann werde ich wenigstens *ein* Mal gesehen!«)

Auswirkungen von gesundem Selbstwertgefühl

- »Ich bin wertvoll.«
- »Ich erlebe, dass andere sich über mich freuen.«
- »Ich mag mich selbst.«
- »Wenn ich Fehler mache, frage ich, woran es gelegen hat.« (Kritikfähigkeit)
- »Ich lerne gerne dazu.« (Offenheit)
- »Ich vertraue darauf, dass ich meinen Aufgaben gewachsen bin.« (Selbstbewusstsein, Selbstwirksamkeit)
- »Ich interessiere mich für andere.« (Neugier)
- »Das Leben ist ein Prozess.« (Vertrauen)
- »Ich freue mich, wenn es anderen auch gut geht.« (Teilen, Gönnen, Empathie)
- »Ich freue mich, wenn andere erfolgreich sind.«

Abb. 2: Auswirkungen von geringem und gesundem Sebstwertgefühl

?! **Schatzkiste**

- Sammeln Sie mit Ihrer Gruppe alle Fähigkeiten und Wünsche, die die Klasse für ein gutes Klassenklima hat oder ersehnt. Jeder Schüler schreibt dafür auf, was er seiner Klasse Gutes wünscht und was er selbst dazu beitragen möchte. Sie als Lehrer/-in tun dies ebenfalls. Jeder erzählt dann den anderen, was er sich überlegt hat, und legt seinen Zettel anschließend in eine »Schatzkiste«. Regelmäßig, z. B. alle vier Wochen, öffnen Sie die Kiste, erinnern sich mit Ihrer Klasse an die Inhalte und besprechen, was sich verändert hat. Würdigen Sie alle positiven Veränderungen.

Meine Brille

Nehmen Sie sich Zeit, sich selbst unvoreingenommen zu beobachten, im privaten wie im beruflichen Umfeld. Wie ist Ihr Blickwinkel?

- Sehen Sie zuerst (oder sogar nur) die negativen Seiten einer Situation?
- Sehen Sie schwerpunktmäßig das Positive?
- Was davon teilen Sie schneller und selbstverständlicher mit?
- Wie konstruktiv können Sie beide Seiten mitteilen?

Anstrengende Schüler

Stellen Sie sich eine Schülerin oder einen Schüler vor, mit dem Sie immer wieder erschöpfende Konflikte haben:

- Gibt es irgendetwas, was Sie trotz aller Spannungen an ihm schätzen? Was mögen Sie an ihm?

Manche Lehrer/-innen antworten auf diese Frage schnell mit »Nichts!«.

- Machen Sie sich klar, dass Sie das, was Sie denken, auch ausstrahlen. Stellen Sie sich deshalb vor, Sie selbst treffen regelmäßig auf einen anderen Menschen, von dem Sie spüren, dass er Sie komplett ablehnt.

Positives Feedback

– Setzen Sie sich in einem kleinen Kreis von vertrauten Kolleginnen und Kollegen zusammen und erzählen Sie sich, was Sie gegenseitig aneinander schätzen.

Hintergrund: Was alles nicht klappt und worüber Sie sich ärgern, ist meistens bekannt und viel leichter auszusprechen als das, was Sie schätzen.

Im Gespräch mit Eltern (vgl. »Anstrengende Schüler«)
Wenn eine Situation sehr verfahren scheint und z. B. ein verhaltensauffälliges Kind weder von der Schule erreicht noch von den Eltern verstanden wird:

– Stellen Sie sich selbst einmal die Frage: »Was mag ich an dem Kind?« Vielleicht erkennen Sie im Stillen: ›Ich mag fast nichts an dem Kind und ärgere mich ganz schnell. Was wäre ich froh, wenn es nicht mehr in meiner Klasse wäre.‹

Zusätzlich hören Sie vielleicht noch von den Eltern, wie sehr sie sich über ihr Kind aufregen: »Schon wenn er morgens aufsteht, macht er mich aggressiv.« Fragt man diese Eltern, was sie an ihrem Kind zurzeit mögen – natürlich in Abwesenheit des Kindes! –, verstummen sie häufig. Ihnen fällt tatsächlich nichts ein!

Mit dieser ablehnenden Eltern-Lehrer-Haltung ist die Lage für das betroffene Kind natürlich sehr schwierig.

– Versetzen Sie sich in die Lebenssituation dieses Kindes und suchen Sie gemeinsam mit den Eltern nach Lösungen, die diese harte Realität verbessern.

Egal, wie schlimm sich ein Kind verhält: Ablehnung bewirkt keine Verbesserung der Probleme!

Selbstbeobachtung
Können Sie selbst eigentlich Verhaltenskritik von Kritik am Wert des Menschen, den Sie kritisieren, trennen?

– Beobachten Sie eine Woche lang unvoreingenommen Ihren Umgang mit Schülern und versuchen Sie herauszufinden, ob Sie, wenn Sie Schülerverhalten kritisieren, auch den Menschen kritisieren: Stellen Sie gleich den kompletten Menschen in seinem Wert infrage, wenn Sie sich über sein Verhalten aufregen?

Selbstreflexion

- Wie viel Wertschätzung Ihrer Person, Ihrer Würde erleben Sie selbst in Ihrem Leben? Wie sehr fühlen Sie sich in Ihrem Wert gesehen – beruflich und privat?
- Wie ist Ihr eigener Umgang mit sich selbst? Mögen Sie sich, d. h.: Freuen Sie sich an sich selbst, sind Sie im Reinen mit Ihren Stärken und Schwächen, mit Ihrem Körper, einfach mit sich selbst? Haben Sie Vertrauen in sich selbst? Oder mögen Sie sich nicht, d. h.: Lehnen Sie sich selbst oft ab? Ist Ihre innere Stimme Ihr härtester Kritiker, der Sie oft niedermacht?
- Wie spiegelt sich Ihre Haltung zu sich selbst in Ihrer Arbeit, in Ihrer Herangehensweise an das Leben wider?

Selbstreflexionsübungen für Schulleiter/-innen oder Funktionsträger/innen

- Wie oft reden Sie mit jedem Mitglied Ihres Kollegiums?
- Wofür interessieren Sie sich in Kontakten mit den einzelnen Mitgliedern des Kollegiums?
- Wie zeigen Sie Wertschätzung? • Nur über die Würdigung von besonderen Einzelleistungen?, • durch Grüßen?, • indem Sie Einzelne wahrnehmen und ernst nehmen?, • durch Laufbahngespräche?
- Wie denken Sie über Kolleginnen oder Kollegen, mit deren Arbeit Sie sehr unzufrieden sind? Wie verhalten Sie sich diesen gegenüber?

Setzen Sie sich mit anderen Schulleiterinnen und Schulleitern im kleinen Kreis zusammen.

- Diskutieren Sie, wie Ihr Umgangsstil mit dem Kollegium jeweils ist und wie Sie Wertschätzung zeigen – am besten mit unterstützender Moderation von außen.
- Welche Ihrer Verhaltensweisen fördern positive und welche destruktive Reaktionen im Kollegium?

Wenn dieses Thema bei Schulleiterkollegen auf Ablehnung und Desinteresse stößt, können Sie sich und die anderen fragen, welchen Stellenwert es eigentlich hat und was die Gründe dafür sein könnten.

Zum Weiterlesen

Bergmann, W. (2007): Disziplin ohne Angst. Wie wir den Respekt unserer Kinder gewinnen und ihr Vertrauen nicht verlieren. Weinheim/Basel: Beltz.

Burow, O./Gudjons, H. (Hrsg.) (1998): Gestaltpädagogik in der Schule. 2. Auflage. Hamburg: Bergmann & Helbig.

Dennison, G. (2006): Gestaltpädagogik in Aktion. Wuppertal: Peter Hammer Verlag.

Oelsner, W./Lehmkuhl, G. (2002): Schulangst. Düsseldorf: Patmos.

Satir, V. (2001): Mein Weg zu dir. Kontakt finden und Vertrauen gewinnen. 6. Auflage. München: Kösel.

Satir, V. (1998): Selbstwert und Kommunikation. 13. Auflage. München: Pfeiffer.

Tausch, R./Tausch, A.-M. (1988): Wege zu uns und anderen. Reinbek bei Hamburg: Rowohlt.

2 Kommunikation und Beziehung

Peter S. (27) übernimmt als Berufsanfänger eine 8. Klasse und versteht die Welt nicht mehr, weil viele hochprovokante Schüler und eine große Gruppe der Eltern direkt massiv Druck auf ihn ausüben. Er sei viel zu jung und unerfahren. Als er über andere Kollegen erfährt, dass die vorherige Klassenlehrerin entnervt die Klassenleitung abgegeben hatte, weil eine Teilgruppe der Eltern zu ihr kein Vertrauen hatte und den Wechsel massiv forderte (die Schulleiterin ging darauf ein, weil sie dachte, dann beruhigt sich alles am schnellsten), wächst nur seine Hilflosigkeit. Er hat keine Mittel, um mit dieser Situation umzugehen, fühlt sich ausgeliefert und völlig überfordert.

Das löst Ängste aus: Angst vor der Klasse, Angst vor Elternanrufen, Angst vor der Schulleitung, weil er als Berufsanfänger vor der Schulleiterin nicht als unfähig dastehen möchte. Er weiß nicht, wie man deeskaliert, er weiß nicht, wie er mit dieser Gruppendynamik in der Klasse und auch in der Elternschaft umgehen könnte. Er sitzt oft zu Hause und ihm ist zum Heulen zumute. Er beginnt sich zu »retten«, indem er in der Schule cooler wird, verhärtet, über die Klasse und die »furchtbaren« Eltern schimpft, weil er in dieser Haltung eher Solidarität bei einigen Kollegen findet. Zuzugeben, dass er Ängste hat, sich hilflos und überfordert fühlt, traut er sich nicht. Damit fühlt er sich nicht nur unfähig, sondern auch unmännlich.

Gisela W. (54) weiß manchmal nicht, wohin mit ihrer Wut, wenn sie sich von Schülern provoziert fühlt. Sobald ein Machtkampf entsteht, muss sie aufpassen, dass ihr nicht die Hand ausrutscht. Besonders ärgert sie sich über die 13-jährige Jenny. Beide geraten immer wieder in Auseinandersetzungen, die bei Frau W. den Puls hochgehen lassen und sie extrem aufregen. Seit einiger Zeit muss sie sogar Beta-Blocker einnehmen.

Jenny weiß, dass sie bei dem nächsten Streit von der Klassenfahrt ausgeschlossen wird. Als dieser Streit natürlich irgendwann eintritt und Frau W. froh ist, sie ausschließen zu können, rastet Jenny aus und beschimpft ihre Lehrerin. Sie steht vor ihr, spürt, dass diese sich kaum noch beherrschen kann und sagt leise: »Na, los, schlagen Sie mich doch! Das wollen Sie doch.«

Frau W. ist danach total erschöpft und schimpft weiter auf die heutigen Jugendlichen. Seit Jahren erlebt sie solche Situationen.

Im Lehrerberuf werden viele Fähigkeiten benötigt, die über das fachliche Wissen weit hinausgehen. Um in diesem Beruf Freude und Erfolg zu erleben, brauchen Lehrer einen hohen Bewusstheitsgrad im Umgang mit dem eigenen Kontaktverhalten und professionelles Wissen über Kommunikationstechniken. Sonst wird die Problembewältigung sehr schwierig oder nicht möglich.

Entlastung durch Supervision

»Wenn ich in die Schule gehe, panzere ich mich jeden Tag ganz dick. Dann kann kommen, was will. Sonst würde ich es nicht aushalten.«
Eine Lehrerin, 51

Für alle sozialen Berufe, in denen die Arbeit von Mensch zu Mensch im Mittelpunkt steht, außer dem des Lehrerberufs, ist es eine Selbstverständlichkeit, mittels Supervision regelmäßige Unterstützung zu erhalten. Man lernt, sich selbst zu hinterfragen, Potenziale auszubauen, das eigene Verhalten zu reflektieren, um es zu optimieren. Das erhöht die berufliche Zufriedenheit und Professionalität.

Seltsamerweise findet man diese Unterstützung nicht als Basispunkt in der Lehrerausbildung oder in den Zeitplänen von Schulen. Damit fehlt ein Werkzeug von entscheidender Bedeutung. Kommunikation und Kontakt ist nicht allein der privaten Willkür zu überlassen. Welche Last wird damit der einzelnen Lehrerin, dem einzelnen Lehrer aufgebürdet? Um Schüler zu »erreichen«, um mit Eltern vertrauensbildende Gespräche zu führen, um im Kollegium konstruktiv Konflikte austragen zu können, erfordert es einen geschulten und bewussten Umgang mit sich selbst und das Wissen darüber, wie Kommunikation gelingt. Das lernt man nicht nur aus Büchern (auch nicht aus diesem) oder an einem Fortbildungstag.

Werden Lehrer nicht regelmäßig und von Anfang an geschult hinsichtlich professioneller Kommunikations- und Kontaktanforderungen, ist das Wasser, in das sie geworfen werden, eisig.

Oft fangen junge Lehrer in einer Schule an und erleben auf einmal Situationen, die sie vor große Herausforderungen stellen:

Maria N. (26) fängt in der Grundschule an und ist nach einiger Zeit verblüfft, wie unzufrieden alle auf ihre Arbeit reagieren. Denn sie ist zufrieden. Sie registriert zwar, dass Eltern um Gespräche mit der Schulleitung bitten oder dass Kollegen ihr Tipps geben wollen, ihr Hilfe anbieten. Aber wofür? Sie sieht keine Notwendigkeit. Fragt man die Kinder in der Klasse, erzählen sie, wie laut der Unterricht ist, wie oft ihnen der Kopf wehtäte, dass sie alles dürften. Das würde aber auch keinen Spaß mehr machen. Frau N. würde nichts mitbekommen oder einfach nichts sagen. Immer mehr Kinder würden sich mittlerweile gegenseitig verletzen und viel heftiger streiten. Die besorgten Eltern baten Frau N. um mehr Struktur und Regeln in ihrem Unterricht. Frau N. bemühte sich etwas, hatte aber anscheinend selbst nicht viel Leidensdruck. Die Unterstützung ihrer Kollegen empfand sie deshalb als aufdringlich. Sie wollte sie nicht annehmen.

Wie geht das weiter? Manch ein Kind wird es schulisch schwerer haben, weil es unter diesen Bedingungen nicht lernfähig wird, verlernt sogar soziale Kompetenzen, weil es Destruktivität grenzenlos leben darf. Enorme Unruhe wird dadurch produziert. Unzählige positive Unterrichtserfahrungen gehen der jungen Lehrerin verloren, wenn sie nicht lernt zu spüren und mehr wahrzunehmen.

Steffen G. (28), gutaussehend und sehr beliebt bei den Schülerinnen, arbeitet seit einem Jahr am Gymnasium. Da er sich altersmäßig gerade den älteren Schülern nahe fühlt, trifft er einige abends in den Kneipen der Stadt. Er genießt es, seine Beliebtheit zu spüren und duzt sich mit den Schülern eines Kurses. Wird er von Kollegen angesprochen, damit vorsichtig zu sein und sich seine Rolle bewusst zu machen, sieht er nur Neid in diesen Hinweisen.

Als besorgte Eltern ihn bei der Schulbehörde melden, weil er mit einigen Mädchen auf einer Klassenfahrt etwas getrunken und offenbar auch heftig geflirtet habe, fällt er aus allen Wolken.

Ihm wird erst langsam sein grenzüberschreitendes Verhalten und sein unklarer Umgang mit seiner beruflichen Rolle und Identität bewusst. Er fühlt sich sehr beschämt und hat auf einmal einen schweren Stand an seiner Schule.

Aber auch erfahrene Lehrer/-innen werden vor Aufgaben gestellt, deren Lösung nur darin zu finden ist, wenn sie ihr eigenes Verhalten reflektieren:

Linda F. (46) lebt schon lange damit, dass sie sich von Schülern schlecht behandelt fühlt. Sie registriert die Unruhe in ihrem Unterricht, die hämischen Bemerkungen. Aber es mache ihr nicht so viel aus, teilt sie zumindest ihren Kollegen mit, die ihr helfen wollen.

Ihre freundlichen Bitten an Schüler, sich doch besser zu benehmen, werden belächelt und ignoriert. Die Schüler machen sich über sie lustig. Sie spüren, dass Linda F. ihnen keine Grenzen setzen kann bzw. nichts von dem einhält oder wahrmacht, was sie ab und zu androht. Selbst sonst freundliche Klassen zeigen immer gewalttätigeres Verhalten. Der Unterricht läuft aus dem Ruder.

Nach einer Unterrichtsstunde stellen sich ihr auf dem Gang mehrere Schüler in den Weg, machen sich lautstark über sie lustig und bewerfen sie mit Papier. Die Situation wird dadurch beendet, dass zwei Kolleginnen eingreifen. Linda F. konnte sich selbst also nicht helfen.

Erst jetzt scheint ihr Maß voll zu sein – sie bricht zusammen. Und beginnt endlich, sich den Ursachen zu stellen.

Hintergrund ist, dass sie seit 20 Jahren in einer Ehe mit einem gewalttätigen Mann lebt, dort vieles erträgt »wegen der Kinder«. In der Schule setzt sie einfach nur ihre häusliche Opferhaltung fort.

Wie soll sie dort Schülern Halt und Orientierung geben, klar und eindeutig sein, Grenzen setzen, wenn sie das zu Hause, und vielleicht in ihrem ganzen Leben, noch nicht getan hat?

Die Supervision deckte ihr Dilemma auf, half ihr, erste sie stützende Wege kennenzulernen, die sie – bedingt durch den privaten Hintergrund – in einer Therapie vertiefte.

Was kosten solche Erfahrungen an Kraft! Lernt man keine konstruktiven, energieerhaltenden Lösungswege dazu, kann man die innere Verfassung womöglich einige Jahre aufrechterhalten, aber irgendwann zeigt sich – vor allem wenn die privaten Anforderungen steigen oder Krisen hinzukommen –, dass die Erschöpfung stärker wird und durchbricht. Der Körper macht nicht mehr mit, Ängste lassen sich vielleicht nicht mehr verstecken. Wer dann krank wird, fällt meistens lange aus, bis Regeneration erfolgt ist und neue Umgangswege mit sich selbst und dem eigenen Leben erlernt worden sind.

Diese Beispiele zeigen, wie wichtig es ist, sich frühzeitig und regelmäßig mit Fragen wie den folgenden zu beschäftigen:

- Wie gestalte ich Beziehungen?
- Wie trete ich in Kontakt?
- Wie spüre ich meine Grenzen?
- Wie ernst nehme ich mich selbst?
- Wie gehe ich mit Problemen um?

Denn all das spiegelt sich in der eigenen Arbeit wider. Wenn Sie sich diesen Fragen nicht stellen, leben Sie mit »blinden Flecken«, sind also blind für eigene destruktive Verhaltensmuster, die aber nur dann aufgelöst und zum Guten hin verändert werden können, wenn Sie sie sich bewusst machen. Erst diese Schritte setzen neue Kräfte frei und bringen so die ersehnte Entlastung.

Lehrern werden von außen oft ihre Defizite vorgeworfen. Aber sie werden auch sehr alleingelassen mit der Bewältigung der umfangreichen Anforderungen, erhalten nicht die Ressourcen, die stark zur Verbesserung ihrer Professionalität beitragen könnten. Was wäre es schön, wenn viele Lehrer sagen würden: »Supervision (oder Teamtraining, Coaching …) ist selbstverständlich. Die Finanzierung ist auch kein Problem. Es ist festes Angebot an meiner Schule. Es machen sogar fast alle mit.«

Martin L. fühlt sich völlig unzulänglich in einer 9. Klasse. Er zweifelt jeden Tag mehr an sich selbst und traut sich endlich, in einer Supervisionsgruppe ausführlicher davon zu erzählen.

Kollege A gibt auf einmal zu, dass es ihm genauso geht, Kollegin X auch. Erleichterung macht sich breit.

Wer kennt nicht auch Situationen, in denen sie oder er sich sehr hilflos fühlt? Gemeinsames Erleben/Leid verbindet erst einmal und setzt kreative Kräfte frei:

- Woran liegt es?
- Wie arbeiten wir?
- Was machen wir falsch?
- Was haben wir probiert?
- Wie wäre es, wenn wir mal die Schüler fragten?
- Was fällt den zuhörenden Kollegen ein?
- Ist uns irgendetwas bisher nicht aufgefallen?

Ein Beispiel zur Selbstwahrnehmung

Frau Weber geht seit Monaten mit Bauchschmerzen in die Klasse 7e. Viele Störaktionen und Aggressionen setzen sie unter Druck.

Welcher der folgenden Wege im Umgang mit der Klasse entspricht *Ihrer* Herangehensweise?

- Frau Weber »wappnet« sich mit besonders viel Material, »erschlägt« die Klasse mit einer Aufgabenfülle, damit nicht viel Unvorhergesehenes passieren kann.
  *
- »Auf in den Kampf!« – mit diesem Motto stärkt sie sich, trifft aber damit auch auf kampfbereite Schüler.
  *
- Sie spürt eine hohe Körperspannung, Nackenschmerzen, hohen Puls, Schweißausbrüche, schnelle flache Atmung (psychosomatische Stress- und ggf. Angstsymptome), lässt sich Beruhigungsmittel verschreiben.
  *
- Sie redet mit niemandem darüber, macht alles mit sich alleine aus, da sie denkt, dass sie nicht gut genug ist.
  *
- An den Abenden vor dem Unterricht macht sie es sich mit ihrem Partner oder mit Freundinnen besonders gemütlich, tankt auf, damit sie sich gestärkt und gelassener fühlt. »Schule ist schließlich nicht alles!«
  *
- Sie teilt sich in einer Freistunde Kollegen mit und tauscht sich aus über deren Methoden und deren Umgang mit Problemen.
  *

- Sie versucht sich Kollegen mitzuteilen, trifft aber auf wenig Interesse. Vielleicht stellt sie fest, dass Kollegialität an ihrer Schule ein Fremdwort ist, und sieht dadurch, dass es für alle bestimmt schwierig ist und Kämpfe im Unterricht jeder kennt. Dadurch bekommt sie etwas Abstand und erkennt, dass ihr Problem ein generelles ist, das etwas mit ihrer Schule zu tun hat. Dies stärkt erst einmal ihr Selbstwertgefühl.

Oder vielleicht doch so?

- In einer festen Gruppe mit kollegialer Fallberatung räumt man ihr Zeit ein, von ihren Schwierigkeiten zu erzählen. Sie erlebt viel Hilfsbereitschaft und gemeinsame Freude am Entwickeln von Strategien, die sowohl die Klasse als auch ihre persönliche Verfassung betreffen. Sie traut sich, einige vertraute Kollegen zu fragen, ob diese bei ihr im Unterricht einmal hospitieren könnten. Sie wünscht sich ein Feedback dazu, was sie besser machen könnte bzw. was den anderen überhaupt an ihrem Unterricht auffällt.

Dass nun auch einige Lehrer *Supervision* eher kritisch gegenüberstehen, erklärt sich u. a. aus ihrem eigenen Bild vom Leistungssystem Schule: Jeder Lehrer möchte seine Arbeit gut machen. Bei diesem Anspruch ist der Fokus überwiegend bei den Schülern. Dort kann man genau sagen, was schiefgeht und was gut läuft.

Dies bei sich *selbst* festzustellen, löst Widerstände aus. Es könnte sich ja herausstellen, dass man Schwächen hat, Defizite, mit denen in Schulen erfahrungsgemäß manchmal schonungslos umgegangen wird. Sich eigene Probleme anzuschauen, bedarf eines wertschätzenden und schützenden Rahmens, in dem man so angenommen wird, wie man ist.

In Schulen, in denen viel Wertschätzung gelebt wird, sinkt die Hemmschwelle vor Supervisionsangeboten ganz schnell. Man ist eher in der Lage, die damit verbundene Hilfe zu erkennen, da der Blick auf sich selbst unterstützt wird durch das gemeinsame Interesse am Lernen und an der Weiterentwicklung der eigenen Fähigkeiten und Persönlichkeit.

Die im Folgenden geschilderten Erfahrungen werden dann auch als Bereicherung erlebt, hat man sie einmal kennengelernt.

Selbstwahrnehmung ↔ Fremdwahrnehmung

Oft ist es schon sehr interessant, meine eigene Wahrnehmung (Selbstwahrnehmung) der Wahrnehmung gegenüberzustellen, die andere von mir haben (Fremdwahrnehmung) – nicht um zu sehen, wer recht hat, sondern als Hilfe zum Kennenlernen der eigenen Facetten.

Selbstwahrnehmung (»Ich …«)	**Fremdwahrnehmung (»Du/Sie …«)**
Ich bin lebhaft und temperamentvoll.	Du bringst viel gute Laune mit. Aber du bist manchmal so laut, dass mir die Ohren wehtun.
Ich erlebe mich oft als chaotisch und unstrukturiert und fühle mich dann schlecht.	Dabei hast du so einen warmherzigen Umgang mit deiner Klasse. Die reden auch ganz begeistert von dir.
In Konferenzen traue ich mich nicht, etwas zu sagen.	Das finde ich schade. Deine Meinung interessiert mich nämlich. Ich erlebe dich nur manchmal wie ein kleines Mädchen, deshalb verstehe ich, dass es dir schwerfällt.
Ich bin einfühlsam, komme gut mit Kindern klar. (→ Bsp. aus der Grundschule)	Ich erlebe dich auch als sehr einfühlsam. Es fällt mir nur schwer zu verstehen, dass du die Kinder immer auf den Schoß nimmst.
Ich zweifele sehr an mir, stelle mich viel infrage.	Du hast so eine klare Art, mit Jugendlichen umzugehen. Ich beneide dich oft darum.
Ich kriege keinen wirklichen Kontakt im Kollegium. Dabei bemühe ich mich so sehr.	Ich gehe in Gesprächen mit dir immer leicht rückwärts, da du mir viel zu nahe kommst.
Ich bin in Konferenzen immer ganz still, interessiere mich nicht so sehr.	Das merkt man, Sie korrigieren meistens Ihre Klassenarbeiten.

Selbstwahrnehmung (»Ich ...«)	Fremdwahrnehmung (»Du/Sie ...«)
Ich komme mit der Schülerin Sina nicht klar.	Du schaust immer ganz ängstlich, wenn du von Sina redest.
Ich lasse mich vom Schulleiter nicht einschüchtern. An meiner letzten Schule ging das noch, hier nicht mehr. Dafür ignoriert er mich anscheinend. Aber hier behaupte ich mich endlich.	Ich traue mich kaum, Sie anzusprechen, da Sie so aggressiv auf mich wirken. Sie wirken wie geladen, wenn ich nur in Ihre Nähe komme. Das verunsichert mich.

Dies sind nur erste beispielhafte Gegenüberstellungen, die man auf vielfältigste Weise formulieren könnte. Austausch auf dieser Ebene kann so hilfreich sein. Steckt man aber aus Angst vor den Wahrnehmungen den Kopf in den Sand, stoppt man seine eigene Weiterentwicklung und verhindert kraftbringende Erkenntnisse.

Übung zu Empathie und Einfühlungsvermögen

?! **Trainieren Sie Ihr Einfühlungsvermögen!**
Versetzen Sie sich in einen Schüler, mit dem Sie Probleme haben. Lassen Sie sich Zeit und versuchen Sie zu spüren, wie es diesem Schüler eigentlich geht und wie es ihm mit *Ihnen* geht.

- Vielleicht stellen Sie fest, dass der Schüler Ihnen speziell eigentlich keine Spannungen entgegenbringt, er also nicht wirklich etwas gegen *Sie* hat. Er ist einfach grundsätzlich angespannt und sehr misstrauisch in der Schule, kämpft sofort, weil er entspannten Kontakt nicht kennt. Zu Hause gibt es auch nur Streit. Durch diese Wahrnehmung werden bei Ihnen Fragen wie die folgenden angestoßen:
  - »Wie könnte ich mich verhalten?«
  - »Wie erreiche ich, dass er sich mehr einlassen kann?«
  - »Ich hätte ja auch gerne weniger Stress mit ihm – was könnte ich ausprobieren?«

- Vielleicht spüren Sie, dass er Angst hat, weil er Ihre Stimme als sehr laut empfindet. Durch diese Wahrnehmungen kommen bei Ihnen Fragen auf:
  - »Wie laut ist eigentlich meine Stimme?«
  - »Schüchtere ich damit ein? Will ich das?«
  - »Will ich, dass Schüler Angst vor mir haben?«
- Vielleicht merken Sie, dass der Junge traurig ist und durch sein schwieriges Verhalten eigentlich Kontakt zu Ihnen sucht: Dadurch stellen sich Ihnen weitere Fragen:
  - »Das freut mich. Wie kann ich es ihm leichter machen?«
  - »Streit ist die schlechteste aller Lösungen. Wie kann ich ihm sinnvolle Wege der Kontaktaufnahme vermitteln?« . ?!

Wenn Sie mit dieser Übung nichts anfangen können und sich in den Schüler so gar nicht einfühlen können, ist das – ganz wertfrei – Ihr *Ist-Zustand*, auf dem Sie aufbauen sollten. Und ich wünsche Ihnen sehr, dass Sie darauf aufbauen *wollen*. Denn es erschwert Ihre eigene Arbeit ungemein, wenn Sie weiter mit diesen Wahrnehmungslücken leben.

> Trauen Sie sich, sich mehr Feedback zu Ihrer Person geben zu lassen. Wenden Sie sich dafür nur an Kolleginnen und Kollegen, die in der Lage sind, Ihnen ihre Rückmeldung wertschätzend und vertraulich zu geben. Lassen Sie sich davon bereichern und lernen Sie sich kennen!

Nie erwartete und verblüffende Fremdwahrnehmungen öffnen innere Türen. Der Blick auf die eigene Person erweitert sich. Macht man dazu noch neue Erfahrungen, indem man die Perspektive auch einmal wechselt, z. B. einen Blick auf sich selbst wirft aus der Sicht eines Kollegen, aus der Sicht von Schülern etc., wird ein innerer Prozess angestoßen, der neue Energie freisetzt. Empathie, Einfühlungsvermögen und einfühlend reagieren zu können gehören zum Miteinander in einer Gemeinschaft und können nicht wichtig genug genommen werden, um tragfähige Beziehungen aufzubauen.

Wie man in den Wald hineinruft, so schallt es heraus.

Machen Sie sich klar, dass Ihre Schüler auf Sie, auf *Ihre* Energie, auf *Ihre* Präsenz, auf *Ihre* Haltung, mit der Sie in den Unterricht gehen, reagieren. Und das heißt, dass man Ihnen ansieht oder spürt, wenn Sie schlecht gelaunt, ängstlich, genervt, kränklich oder entspannt sind. Auch wenn Sie glauben, dass das nicht sichtbar ist – die Klasse reagiert auf Sie. Das kann bedeuten, dass durch *Ihre* Aggressionen Angst in der Luft liegt, dass durch Unsicherheit Provokationen durchbrechen, dass durch Kranksein Fürsorglichkeit oder völlige Grenzüberschreitungen ausgelöst werden oder durch Ihre Lebensfreude viel Vitalität und Arbeitseifer bei den Schülern freigesetzt wird.

Wenn manchen Lehrern nicht klar ist, dass sie selbst aggressiv und spannungsgeladen auf ihre Schüler wirken, tragen sie sogar mit dazu bei, dass die Aggressionen ansteigen. Sie könnten sich – und ihren Schülern – das Leben viel leichter machen, wenn sie wahrnähmen, welche Stimmung sie selbst ausstrahlen.

Wie hilfreich kann es sein, zu erkennen, wie man Einfluss auf Situationen nehmen kann! Deshalb ist es wichtig, sich die eigene Verfassung bewusst zu machen und dadurch Verhaltensspielräume und das Gefühl für Alternativen zu bekommen. Dann bekommen Sie Abstand zu sich selbst und drücken nicht einfach ungesteuert Emotionen aus. Dazu ist der Arbeitsplatz nicht da, schon gar nicht der des Pädagogen.

Professionalität, eine professionelle berufliche Rolle auszufüllen, heißt, bewusst mit sich selbst und den eigenen Emotionen umzugehen und sich selbst von einer Meta-Ebene immer wieder kurz anzuschauen. Sie lernen zu erkennen, welche Emotionen in den Unterricht gehören – und welche nicht.

Mit diesem Wissen sind Sie ganz anders in der Lage, sich Ihre Stimmungslagen bewusst zu machen, z.B. so: »Ich bin heute völlig angespannt und ärgerlich, weil mein Ärger zu Hause mich sehr belastet. Ich erkenne, dass ich den Ärger heute leider schon an mehreren Schülern ausgelassen habe. Sobald mich jemand infrage stellte, habe ich überzogen reagiert. – Was *mache* ich da? Das darf nicht sein und so will ich auch nicht sein.«

Als ersten Schritt, falls Sie noch nicht sicher ist, ob Sie sich gut steuern können, könnten Sie beispielsweise ehrlich zu Ihren Schülern sagen: »Ich bin heute geladen, weil den ganzen Morgen zu Hause alles schiefging. Ich bemühe mich, das nicht an euch auszulassen. Es hat mit euch überhaupt nichts zu tun. Sagt mir, falls ich ungerecht bin und es nicht merke.«

Beziehungsaufbau statt Machtkampf und Grenzüberschreitungen

> Wer die Faust ballt, kann nicht die Hand reichen. *(Indira Gandhi)*

Stellen Sie sich einen Schüler vor, mit dem Sie schnell in einen Machtkampf geraten (→ Wippe: Wer sitzt oben, wer unten?).

Schauen Sie sich Ihre Vorgehensweise an: Was löst es in Ihnen aus, wenn Sie das Gefühl bekommen, der Verlierer im Machtkampf zu sein (Bsp.: Der Schüler hat im Klassenraum Zigaretten an seine Mitschüler/-innen verteilt und rückt die Schachtel nicht raus. Oder er verlässt die Klasse nicht, obwohl er – wegen zahlreicher Störaktionen – dazu aufgefordert wurde, er bleibt lässig sitzen und sagt: »Nöö, mach ich nicht.«)?

Schule ist nicht nur ein Ort, an dem Kommunikation wichtig ist, sondern diese ist darüber hinaus eingebettet in ein machtvolles Setting. Gerade deshalb ist es im Schulsystem so wichtig, bewusst und geschult mit Kommunikation und Kontakt umzugehen, da Sprache nicht dazu verwendet werden sollte, Macht zu demonstrieren. Je mehr die Sprache und die eigene Position als Machtinstrumente benutzt werden (müssen), umso nötiger wäre eigentlich Beziehungsarbeit gefragt:

- Was läuft hier ab?
- Wie gehen wir miteinander um?
- Wie geht es allen Beteiligten dabei?
- Was drückt der Machtkampf eigentlich aus?
- Welche Themen/Konflikte verbergen sich dahinter?

Sicher erinnern Sie sich an Momente aus Ihrer eigenen Schulzeit oder aus Ihrer Berufserfahrung, in denen Sie tiefen Kontakt erlebten, d.h. sich verstanden fühlten und Sie auch Ihr Gegenüber verstanden, sodass Empathie und Wertschätzung zwischen allen Beteiligten spürbar war. Solche Momente sind auch für die Kinder und Jugendlichen in *Ihrer* Schule wichtige »Nahrung«, die sie benötigen, um entspannt lernen und sich mutig neuen Situationen stellen zu können.

Kontakt und eine tragfähige Beziehung können nur dann entstehen, wenn Sie aus Machtkämpfen aussteigen. Vertreten Sie hingegen die Meinung, dass Sie recht haben, • weil Sie älter sind und mehr wissen oder • weil Sie zu wissen meinen, was richtig und falsch ist, oder einfach nur, • weil Sie die Lehrkraft sind, haben Sie schon verloren. Sie gewinnen vielleicht einen Machtkampf, nicht aber den Menschen. So wächst kein Kontakt – höchstens die Mauern, die Schüler/-innen in der Folge um sich bauen.

Machtkampf	Beziehungsaufbau
In einer 9. Klasse sind viele Schüler (= Sch.) unkonzentriert, gereizt und kommen nicht zur Ruhe.	
»Jetzt hört mal auf, euch so kindisch zu benehmen. Nächste Woche schreiben wir die Arbeit. Mit euren Störaktionen versaut ihr euch alles.« *(Aussage der Lehrkraft = L. erhöht den Druck)*	»Hört mal, was ist los mit euch? Mir ist das viel zu laut hier. Ich dachte, wir könnten heute noch mal alles für die Arbeit wiederholen. Warum geht das nicht?« *(Lehrer/-in = L. fragt interressiert)*
	»Wir können nicht mehr.« *(großes Gestöhne der Sch.)*
»Ich kapier das sowieso nicht. Ihre Arbeiten sind viel zu schwer.«	»Warum denn nicht? Ihr klingt fertig.« *(L. bleibt interessiert)*
	»Ja, wir hatten heute Bewerbungstraining.« *(wieder Gestöhne der Sch.)*
»Dann lern halt besser. Du machst sowieso immer zu wenig.« *(Abwertung durch L.)*	»Na, das war doch bestimmt mal eine interessante Abwechslung.« *(L. versucht die Schüler zu verstehen)*
»Bringt doch bei Ihnen eh nichts. Ihre Arbeiten kapiert kein Mensch.« *(Schüler kämpft, Abwertung des/der L.)*	»Stimmt ja schon, aber die haben uns einen Druck gemacht, dass wir uns ja mit dem 9er Zeugnis bewerben müssen. Eigentlich wissen wir das ja …« *(Geseufze, Gejammer der Sch.)*
»Meine Arbeiten werden immer leichter. Hättet ihr eine Arbeit, die ich vor 15 Jahren in der neunten Klasse geschrieben habe, würdet ihr sehen, wie wenig ihr könnt. *(L. verteidigt sich, geht in Angriff durch Abwertung)*	»Aber jetzt ist es erst so richtig angekommen?« *(L. bleibt dran, nimmt Sch. ernst, interessiert sich)* »Ja, Scheiße, ich habe total viele Fehltage.« »Ja, und bei mir sind die Noten völlig mies … und jetzt eine Arbeit nach der anderen …« *(weiter Gestöhne, Klasse wird aber immer ruhiger, hat Interesse am Gesprächsverlauf)*

Machtkampf	Beziehungsaufbau
»Jaja, wir sind ja doof.« *(Sch. sagen nichts mehr dazu oder legen erst recht los, d. h., sie kämpfen die ganze Unterrichtszeit weiter oder geben auf)*	»Kann es deshalb sein, dass ihr euch Sorgen wegen unserer Englischarbeit macht und deshalb hier so eine Unruhe ist?« *(L. versucht weiterhin zu verstehen)* »Und wie!!! Ich hab das totale Blackout, stehe doch in Englisch schon fast auf 'ner Fünf« … »Geht mir genauso« … »Mensch, meine Eltern machen mir auch so viel Druck.« *(großes Gestöhne)* »O.K., das verstehe ich. Dann machen wir das heute besser anders. Nicht ich sage, was ihr lernen oder wiederholen sollt, sondern ihr überlegt euch in kleinen Gruppen, was wir auf alle Fälle wiederholen oder üben sollten. Einverstanden? Oder habt ihr einen anderen Vorschlag? – O.K., dann sammelt jetzt mal, was unklar ist. Ich will nämlich auch, dass ihr gute Arbeiten schreibt.«
⇓	⇓
Fazit: Die Inhalte bleiben auf diesem Weg im Hintergrund. Der Stoff interessiert nicht, wird auf diesem Weg nicht besser verstanden und lernt sich mit Sicherheit schlechter.	**Fazit:** Entspannung, konzentriertes Arbeiten, da die Schüler sich mitverantwortlich fühlen und spüren, dass sie mitgestalten können und ernst genommen wurden. Trotz etwas längerem Gespräch mit der Klasse verbleibt mit Sicherheit mehr Zeit für die Unterrichtsinhalte und mehr Zuversicht hinsichtlich der Arbeit.

Einige Lehrer/-innen tun sich insbesondere schwer, einen angemessenen Umgang mit Kindern zu finden, die offen und sehr selbstbewusst auf sie zugehen. Für diese Schüler/-innen ist es normal, Dinge zu hinterfragen und mit Erwachsenen in echten Kontakt zu gehen. Lässt man sich darauf ein, können dies entscheidende Momente sein, die das Verhältnis zu Schülern grundlegend zum Positiven verändern. Es gehört allerdings Mut dazu, als *Person* spürbar zu werden und ernsthaft und direkt auf Schüler einzugehen. Versucht man, Schüler immer nur durch bestimmte – oft nicht einmal bewusste – Verhaltensweisen auf Abstand zu halten, lassen sich diese viel schwerer zur Mitarbeit und Zusammenarbeit bewegen – und ggf. erfahren Sie viel weniger über sie, als es Ihnen möglich wäre.

Erfährt ein Schüler Resonanz von seinem Lehrer, d.h., fühlt er sich verstanden und ernstgenommen in seinen Anliegen, ist er als Folge eher bereit, auch die Anliegen seines Lehrers zu verstehen (selbst wenn es beispielsweise die Ablehnung eines Wunsches ist, der im Moment einfach nicht erfüllt werden kann).

Je besser der Kontakt zu Ihren Schülern ist, umso eher akzeptieren diese auch Grenzen, einfach weil *Sie* sie setzen und weil den Schülern die Beziehung zu Ihnen wichtig ist und ihnen Orientierung gibt. Gerade dieses (zu Hause teilweise ungestillte) Bedürfnis nach Orientierung ist ein wichtiger Grund, weshalb der Aufbau eines Bindungsnetzes von so entscheidender Bedeutung für die heutigen Kinder und Jugendlichen ist.

Beispiel: Wie sag ich's meinem Schüler?

Jason (12): »Herr Weber, was halten Sie eigentlich von Homosexualität?« Hr. Weber *(in Gedanken: ›Oje, was sag ich jetzt …?‹):* »Ach komm, jetzt nicht – wann bist du mit Klettern dran?« (→ Ablenkungsversuch) Jason: »Wollen Sie nicht drüber reden? Ist Ihnen das Thema peinlich?« Hr. Weber *(voll erwischt):* »Nein, ist es nicht. Geh jetzt lieber schon mal zu den anderen.« Jason: »Aber …« Hr. Weber: »GEH jetzt!«	Jason: »Herr Weber, was halten Sie eigentlich von Homosexualität?« Hr. Weber: »Warum willst du das denn wissen?« (→ Interesse) Jason: »Nur so.« Hr. Weber: »Willst du wissen, ob ich Probleme damit habe? Hatte ich noch nie. Oder was?« (→ Nachfragen, versucht zu verstehen) Jason: »Ja. Mein Onkel hat einen Freund. Und meine Mutter redet jetzt nicht mehr mit ihm und beschimpft ihn.« Hr. Weber: »Und du? Wie findest du das?« Jason: »Na ja, ich find das blöd von meiner Mutter. Ich mag meinen Onkel einfach.« Hr. Weber: »Das gefällt mir. Ich würde ihn auch weiter mögen.«

Für mich persönlich war ein Erlebnis vor mehreren Jahren mit einer zusammengewürfelten Gruppe aus drei Klassen von großer Bedeutung:

Nach den Herbstferien hatte ich gleich die erste Stunde in dieser Gruppe. Ich versuche normalerweise immer, mit den Schülern ins Gespräch zu kommen, noch mal nach den Ferien zu fragen, langsam einzusteigen.

Mir fiel ziemlich schnell auf, dass die Schüler ganz zurückhaltend waren, still und müde. Ich führte es auf den ersten Schultag zurück, das frühe Aufstehen, die Umstellung auf die Schule etc.

Ich fragte die Jugendlichen, was mit ihnen los sei, aber sie blieben sehr verhalten, ließen sich auf kein Gespräch ein und waren sehr wortkarg. Ich bekam einfach keinen Kontakt zu ihnen. Es waren nicht einmal Spannungen im Raum, und zum Glück habe ich meine Unsicherheit und Hilflosigkeit in diesem Moment nicht über Gereiztheit ausgedrückt.

In der späteren Pause erfuhr ich dann, dass zu Beginn der Ferien, während ich in Urlaub war, ein Mitschüler, der nicht zu meiner Gruppe gehört hatte, gestorben war. Während meiner Abwesenheit hatte die Beerdigung stattgefunden, an der viele Schüler und Lehrer teilgenommen hatten. Natürlich gingen alle meine Schüler davon aus, dass ich doch von all dem wissen musste. Und da frage ich sie, was mit ihnen los sei!? Warum sie so still seien!?

Dass sie darauf keine Antwort geben konnten oder wollten, konnte ich im Nachhinein völlig verstehen. Mein Ärger über den fehlenden Informationsfluss war groß, hatte aber nichts mit meinen Überlegungen zu tun, wie ich beim nächsten Mal der Gruppe begegnen wollte.

Am kommenden Tag fand die nächste Stunde statt. Ich setzte mich zu den Jugendlichen und erzählte ihnen ruhig, wie leid es mir tue, wie der gestrige Tag begonnen habe. Dass ich nun erst wisse, was passiert sei und dass mich diese Situation sehr berühre und ich mich gestern nachträglich geschämt habe, sie so auszufragen, was mit ihnen los gewesen sei.

Die Schüler hörten mir aufmerksam zu und ich spürte, dass sie mir glaubten. Und dann fragte ich sie einfach, wie es ihnen heute gehe. Das Schweigen war gebrochen. Sie erzählten von ihrer Trauer, dass sie sich noch gar nicht in der Lage fühlten, normalen Unterricht zu machen und dass sie sich in der Schule so sehr einen Abschied von ihrem Mitschüler wünschten.

Sich *wirklich* in Kontakt zu Ihren Schülern zu trauen, bringt eine neue Unterrichtsatmosphäre und -qualität und stellt eine Bereicherung für beide Seiten dar. Es bedeutet zu lernen, ggf. über Schatten zu springen, sich selbst persönlich mehr zu zeigen und sich nicht hinter einer Fassade oder Rolle zu verstecken, sondern den Kindern und Jugendlichen wahrhaftig und authentisch zu begegnen.

Das können Sie nur dann, wenn Sie den Mut fassen, sich selbst neugierig zu begegnen. Denn diese Art des Umgangs bedeutet nicht, einfach jedes Gefühl und jeden Gedanken zuzulassen und zu äußern. Genau das ist *nicht* mit Authentizität gemeint, sondern im Rahmen einer *erwachsenen* Haltung zu spüren:

- Was gehört hierher und was nicht?
- Bin ich wertschätzend? Bin ich überheblich?
- Geht mir selbst etwas zu weit? Respektiere *ich* umgekehrt die Grenzen der Schüler?
- Achte ich meine Schüler grundsätzlich in ihrem Wert und ihrer Würde?

> Wenn Sie beginnen, Kinder und Jugendliche als eigenständige Menschen zu betrachten und zu achten, in ihnen die Menschen zu sehen und nicht nur die Hülle bzw. Rolle »Schüler«, machen Sie wichtige Schritte in Richtung eines wahrhaftigen Kontakts.

Reflexionsfragen zum Thema »Machtkämpfe«

?! Denken Sie, nachdem Sie dieses Kapitel gelesen haben, in aller Ruhe über die folgenden Fragen nach.

- Neigen Sie schnell zu Machtkämpfen? Mit welchen Mitteln steigen Sie ggf. aus Machtkämpfen aus?
- Wie zeigen Sie Schülern Ihre Wertschätzung? Mögen Sie Ihre Schüler oder glauben Sie, dass Zuneigung keine Rolle spielt?
- Wenn Ihnen Verhaltensweisen zu weit gehen: Wie drücken Sie Grenzen aus? Verärgert? Gar nicht? Grollend? Resolut? Abwertend? Sachlich?
- Wie emotional erleben Sie sich im Unterricht? Welche Gefühle zeigen Sie ganz schnell, welche eher gar nicht?

- Empfinden Sie Freude, wenn Schülern vieles gelingt?
- Empfinden Sie Mitgefühl, wenn Schülern Dinge misslingen?
- Wie motivieren Sie Ihre Schüler? **?!**

Wertschätzung statt Beschämung und Abwertung

Die Unterrichtsatmosphäre und die Beziehung zu Ihren Schülern verbessert sich deutlich, wenn Sie auf persönliche Abwertungen völlig verzichten. Die meisten Lehrer/-innen würden diesem Punkt in der Theorie sicherlich sofort zustimmen, trotzdem fällt es im Schulalltag scheinbar schwer, darauf zu achten und den Vorsatz umzusetzen. Weil die Rahmenbedingungen überfordern, die Selbstwahrnehmung noch ungeübt und das Zusammenarbeiten aller Lehrer/-innen ein Reizthema ist, passiert es gerade aus dieser Überforderung heraus immer wieder, dass Schüler/-innen starke Abwertung einstecken müssen.

Versetzen Sie sich in Schüler, die – egal, was sie angestellt haben – als Mensch völlig »niedergemacht« werden. Und wenn Sie eigene Kinder haben: Stellen Sie sich vor, dass dies auch *Ihre* Kinder (be)treffen könnte. Versuchen Sie wahrzunehmen und sich klarzumachen, was diese Abwertungen und Beschämungen im Innersten eines Schülers auslösen (können).

Zu vermeiden: Kritik an der Person oder Persönlichkeit	Sinnvoll: Kritik am Verhalten einer Person
»Daniel, du bist echt hier in der Klasse fehl am Platz. Wenn du immer nur deine Mätzchen machst und permanent Aufmerksamkeit suchst, dann bist du reif für die Sonderschule. Du nervst mich nur noch. Ich bin froh, wenn ich dich mal nicht sehe.«	»Daniel, ich kann mir nicht vorstellen, dass es dir gut geht mit deiner Situation. Du hast doch so viel Ärger. Mir gefällt es auch überhaupt nicht, wenn du deinen Stuhl umwirfst oder so viele Schimpfwörter benutzt. Das geht einfach nicht! Warum ist so viel Wut in dir?«

Zu vermeiden: Kritik an der Person oder Persönlichkeit	**Sinnvoll: Kritik am Verhalten einer Person**
»Jenny, du scheinst ja früh mit Sex angefangen zu haben. Machst hier einen auf Klassenluder. Selbst schuld, dass alle schlecht von dir denken. Kannst dich ja gleich an die nächste Straßenecke stellen.«	»Jenny, merkst du eigentlich, was deine Worte für eine Wirkung haben? Und dazu dein tiefer Ausschnitt. Du bist doch erst 13. Ich finde das seltsam und kriege langsam Angst um dich. Was sagt denn deine Mutter dazu?«
⇓ Die starke Abwertung des ganzen Menschen bewirkt Kontaktabbruch, Misstrauen, Verweigerung und Beschämung. Ob er/sie durch solche Worte etwas aus seinem Verhalten lernt, Reue zeigt, sich schuldig fühlt, ist mehr als fraglich.	⇓ Das Verhalten wird kritisiert oder auch mal verurteilt, der Mensch nicht. Der Kontakt kann erhalten bleiben, der Kommunikationsprozess weitergehen. Nur so wird man erreichen, dass Schüler überhaupt die Erfahrung machen können, Reuegefühle oder Scham zu empfinden und Wege der Wiedergutmachung oder Veränderung zu finden.

Natürlich scheint es manchmal fast unmöglich, ein Kind oder einen Jugendlichen anzunehmen und nicht komplett abzulehnen, etwa wenn man mit Taten und Verhaltensweisen konfrontiert ist, die einfach nur furchtbar sind und eine Kälte und Abgebrühtheit widerspiegeln, die Erwachsene und Mitschüler gleichermaßen fassungslos macht.

Und trotzdem: Man hat *nur* eine Chance, Einsicht zu erleben oder Verhaltensänderungen und neue Lebenseinstellungen zu entwickeln, wenn man auch solche Schüler/-innen annimmt. Lehnt man sie komplett ab, erwartet aber Einsicht, Reue, Schuldgefühle, stößt man nur auf Mauern. Die so behandelten Schüler/-innen werden sich möglicherweise Zwängen beugen und Strafen auf sich nehmen, weil sie im Machtgefüge der Schule die Unterlegenen sind, aber: Beim nächsten Mal werden sie vielleicht noch kompromissloser handeln. Deshalb sind Beziehungsaufbau und Wertschätzung die Grundlagen für positive Entwicklungen.

Beziehungsarbeit als Schlüssel zu »schwierigen« Schülern

Orientierung bietende Beziehungen zu den heutigen Kindern und Jugendlichen aufzubauen, ist eine Voraussetzung für deren schulischen Erfolg. Es ist traurig, die schulischen Laufbahnen mancher Jugendlicher anzusehen, die z. B. vom Gymnasium zur Hauptschule »durchrutschen« und dort auch scheitern. Auch für solche Beispiele gilt: Beziehungsarbeit ist ein wichtiger Bestandteil, um Jugendliche überhaupt zu erreichen und ihnen eine lebenswerte Perspektive aufzuzeigen.

Natürlich ist es schwierig, zu manchen Kindern und Jugendlichen einen tragfähigen Kontakt herzustellen, wenn sie von zu Hause kaum Liebe, Zeit und positive Lebenserfahrungen mitbringen. Manche Bemühungen von Lehrern stoßen dann lange nicht oder vermeintlich nie auf Resonanz.

Ein/e Jugendliche/r, der oder die sich schon sehr »gepanzert« hat und entsprechend cool wirkt, bereits Jahre schlechter Schulerfahrungen und häuslicher Einsamkeit hinter sich hat, ist manchmal nur noch schwer erreichbar. Deshalb plädiere ich dafür, dass die Bedeutung der schulischen Beziehungsarbeit gar nicht genug gewürdigt werden kann und frühzeitig mit ihr begonnen werden sollte.

Wie Bindung entsteht

Finn (13), ein begabter, fantasievoller und kommunikativer Junge, war in der Orientierungsstufe ständig auffällig durch grenzüberschreitendes Verhalten: Schimpfwörter, Aggressionen, eine sexistische Sprache und Sexszenen auf dem Handy gehörten zu seinem Repertoire.

Die Lehrer probierten es mit vielen Gesprächen, gemeinsam mit der alleinerziehenden Mutter. Erziehungsverträge und klare Regelvereinbarungen in der Schule zeigten keine Wirkung. Finn war mit der Zeit gesprächserfahren, nickte zu den nächsten Absprachen, die für ihn getroffen wurden, und zeigte keine Veränderung seines Verhaltens. – Er blieb sitzen.

Die neue Klassenlehrerin wurde vorab informiert, dass sie diesen machohaften Jungen »vergessen« könne, der werde sich nicht ändern. Doch sie überlegte, wie sie vorgehen könnte. In einem Gespräch mit Finn erzählte sie ihm ganz ruhig und freundlich, dass sie keine Lust habe, den nächsten Regelvertrag mit ihm abzuschließen. Er wisse doch sowieso darüber Bescheid, was hier an der Schule ginge und was nicht. Die Umsetzung klappe halt nicht.

Finn nickte und wurde neugierig. In einem längeren Gespräch begann die Lehrerin sich für ihn zu interessieren und stellte Fragen: Wie es ihm mit dem ganzen Ärger gehe. Wie er mit dem Sitzenbleiben jetzt zurechtkomme. Wie es ihm in der neuen Klasse gehe. Wie er es verkraftet habe, dass er die Klasse wiederholen müsse.

Die Klassenlehrerin nahm sich Zeit, fragte nach und hörte zu. Sie hatte nur ein Ziel: Finn kennenzulernen. Finn erzählte dann allmählich auch, dass er eigentlich sehr enttäuscht sei, dass er die Regeln nicht einhalten könne. Er wisse auch nicht, warum es nicht klappe.

Die Klassenlehrerin war beeindruckt von seinen Worten und sagte ihm dies auch. Seine Enttäuschung über sich selbst war für sie sehr deutlich wahrnehmbar. Sie beendete das Gespräch, indem sie ihm vorschlug: »Lass uns beide einfach mal über alles nachdenken. Ich rede dann gern nächste Woche weiter mit dir. Ich will ja schließlich, dass es dir in deiner neuen Klasse gut geht, und habe den Eindruck, dass es auch besser werden *kann*.« Finn war ganz ruhig, interessiert und gerne bereit zur Fortsetzung des Gesprächs.

Im Laufe der nächsten Wochen gab es keine größeren Vorfälle mit Finn. Er hatte keinen Ärger mit Lehrern oder Mitschülern. Zu den nächsten Gesprächen kam er pünktlich und ohne dass er daran erinnert werden musste. Er wollte kommen, erzählte seiner Klassenlehrerin stolz von einer guten Arbeit, die er gerade zurückbekommen habe, und von häufiger stattfindenden schönen Momenten mit Mitschülern und Lehrern. Erste Erfolgserlebnisse stellten sich ein.

Die Lehrerin hörte ihm immer freundlich zu, freute sich mit ihm und fragte ihn nach einiger Zeit: »Sag mal, Finn, die letzten Jahre war es normal, dass du Ärger hattest. Wie kommt es, dass auf einmal so viel Positives passiert? Ich finde es toll, aber das ist ja eine riesige Wende. Wie kommt das?«

Finn schossen die Tränen in die Augen und er sagte: »Ich wollte Sie nicht enttäuschen.« Ein berührender Moment, den die Lehrerin auch als solchen wahrnahm. Sie bedankte sich bei dem Jungen, erzählte ihm von ihrer Freude über ihn und seine Veränderung und bestärkte ihn weiter.

Sicher wird Finn diese neue Bindung irgendwann auf die Probe stellen und die Grenzen austesten bzw. übertreten – um herauszufinden, ob er auch dann akzeptiert und angenommen wird. Das ist die Herausforderung für die Klassenlehrerin, sich dann als stabiles Gegenüber anzubieten, die ihn weiter wertschätzt und ihm gleichzeitig konsequent Grenzen setzt.

Zusätzliche Schulsozialarbeiter und Schulpsychologen sind eine wichtige Unterstützung, wenn sichtbar wird, dass die Probleme eines Kindes oder Jugendlichen dies oder diesen immer stärker überfordern und belasten. Und die Zahl der Kinder und Jugendlichen, die ihre Orientierungslosigkeit auch in sehr grenzüberschreitenden Verhaltensweisen ausdrücken, sodass sie manchmal nicht mehr tragbar sind im Unterricht, nimmt zu.

Dafür ist ein gutes Netz an Unterstützungsmaßnahmen und Helfern wichtig, die die Bemühungen der Lehrer aufgreifen, vertiefen und mit allen Beteiligten nach weiteren Hilfswegen suchen. Das kann bedeuten, Schulpsychologen, Schulsozialarbeiter, Jugendämter, Kindertherapeuten, Beratungsstellen usw. einzuschalten, die gemeinsam mit dem hilfsbedürftigen Jugendlichen und dessen Angehörigen nach Wegen aus der Krise suchen und diese Wege auch ebnen.

Je früher hilfsbedürftige Kinder aufgefangen werden, umso besser. Aber wichtig ist, dass Lehrer durch gute Beziehungen zu ihren Schülern überhaupt spüren und registrieren können, wer umfassendere Hilfe benötigt. Denn es gibt Kinder und Jugendliche, die fallen erst einmal gar nicht auf. Sie sind sehr angepasst, vielleicht extrem still und zurückgezogen – welch eine »Entspannung« neben den häufig tobenden ADS-Kindern ohne Impulskontrolle. Nur gerade für diese Schüler fehlt dann Zeit und Aufmerksamkeit.

Kümmert sich ein Lehrer nun nicht selbstverständlich um eine gute Beziehung zu seiner Klasse, fällt ihm der Leidensdruck mancher Schüler überhaupt nicht auf. Einige Jugendliche ertragen manchmal Demütigungen aus dem häuslichen Umfeld und/oder von Mitschülern über Jahre und fressen sie in sich hinein; oftmals haben sie die tragische Erfahrung gemacht, dass Widerstand die Probleme noch vergrößerte. Ihre stillen Hilfeschreie hört niemand, wenn man keine Zeit für Klassengespräche, für das Miteinander und für ernsthafte Gespräche hat.

Entscheidend ist dazu die Erkenntnis, dass all die wichtigen Helfer nicht die Beziehungsarbeit ersetzen können, die die Lehrer einfach in ihrem Unterricht machen müssen. Viele Lehrer glauben, dass alles einfacher wird, wenn nur mehr Sozialarbeiter an einer Schule sind. Nur: Die sind nicht im Unterricht. Gerade die Belastungen einiger vermeintlich nicht auffälliger Schüler werden nur für die Lehrer sichtbar, die sich um ihre Schüler bemühen.

Deshalb ist es so wichtig, dass sich einerseits Lehrer Zeit nehmen sollten für eine gute Kommunikation und Beziehungskultur mit ihren Schülern, dass ihnen andererseits diese Zeit aber auch eingeräumt wird, sie selbstverständlicher Bestandteil der schulischen Arbeit sein sollte, sie also einen ebenso hohen Wert besitzt wie die Vermittlung von »Stoff«.

Kommen Lehrer nicht einmal in die Situation, dass belastete und gefährdete Schüler ihnen auffallen (gerade potenzielle Amoktäter sind oft sozial angepasst und unauffällig, wenn auch zumeist nicht integriert), bekommen zutiefst bedürftige Jugendliche keine Hilfe.

Niemand sieht ihre Not, wenn sie nicht gerade auffallen durch

- *aggressive Eskalationen*,
- *psychosomatische Erkrankungen* (→ Bauch-, Kopfschmerzen, Übelkeit, Essstörungen),
- andere *auffällige Verhaltensweisen* (→ Ritzen, Fehlzeiten, Suizidgedanken, sexuelle Verwahrlosung).

… und dann sind alle plötzlich entsetzt, wenn sich ein lange schweigsamer Schüler als Zeitbombe entpuppt und durchdreht.

Deshalb ist es so wichtig, dass Lehrer die Rahmenbedingungen überhaupt erhalten/schaffen, um Zeit für ihre Schüler zu haben.

Zudem benötigen sie das professionelle Wissen, wie sie mit Kindern und Jugendlichen in Kontakt kommen. Natürlich in dem Selbstverständnis, dass dies ihre Aufgabe ist und zu ihrem Erziehungsauftrag und Bildungsauftrag als Basis gehört. Und dies sollte jede Lehrerin, jeder Lehrer gerne tun wollen und als Bestandteil der täglichen Arbeit empfinden.

Übung zur Stärkung der Selbstwahrnehmung

?! **Selbstwahrnehmung und -reflexion**

Machen Sie sich bewusst …

- wie Sie kommunizieren,
- wie Sie problematische Situationen erleben, lösen, wiederholen,
- welche Kontaktfähigkeiten Sie haben,
- welche Potenziale Sie haben,
- wie Ihr Umfeld *Sie* wahrnimmt und *Sie* sich selbst wahrnehmen,
- welche Ursachen es haben könnte, dass sich z.B. bestimmte Probleme in jeder Klasse aufs Neue wiederholen,
- wie Sie mit eigenen Gefühlen im Schulalltag umgehen,
- wie Sie Gefühle ausdrücken,
- wie Sie mit Anspannung und Belastung umgehen, z.B. ob Sie sie lange nur *ertragen*, oder wann Sie aktiv nach entlastenden Wegen suchen und mit welchem Erfolg?

Die Sozialisation prägt jeden Menschen. Auch die eigene Schulzeit hat Spuren hinterlassen.

- Wie sind Ihre Erinnerungen an Ihre Schulzeit?
- An was denken Sie gerne zurück?
- Was hat Sie tief positiv berührt?
- Was schmerzt?
- Erkennen Sie Auswirkungen auf Ihr berufliches Handeln? ?!

Es kann Ihnen nur großen persönlichen und beruflichen Gewinn bringen, wenn Sie sich selbst hinterfragen und sich Feedback zu Ihrer eigenen Person geben lassen. Regelmäßige Supervisionssitzungen (z.B. ein Nachmittag im Monat) könnten eine große Hilfe sein, um Wege im Umgang mit überfordernden Situationen zu finden, die eigenen Kontaktfähigkeiten zu schulen, sowohl zu den anderen als auch (immer) zu sich selbst. Sie werden authentischer, damit spürbarer und sichtbarer mit Ihren Grenzen und Potenzialen. Dadurch erfahren Sie eine bereichernde Unterstützung zur Persönlichkeitsentwicklung in diesem wichtigen Berufsfeld. Der eigene Horizont erweitert sich und damit auch das Repertoire der Handlungsmöglichkeiten.

Wenn Lehrer sich fortbilden, sich beraten lassen, geht es nicht darum, den Einzelnen in seinen Schwächen vorzuführen, sondern ihm zu helfen, neue Wege zu betreten oder Fähigkeiten auszubauen. Das kann viel neue Arbeitslust und Lebensfreude freisetzen, Erschöpfung abbauen und den Sinn der eigenen Arbeit erkennbar machen.

Übungen zur Wahrnehmung des eigenen Potenzials

Grundsätzlich gilt: Nehmen Sie sich für Selbstreflexionsübungen wie die folgenden immer Zeit. Lassen Sie die Aufgabenstellungen auf sich wirken und bleiben Sie erst einmal bei den ersten Wahrnehmungen und Antworten, die in Ihnen auftauchen. Dabei gibt es kein Richtig oder Falsch, kein Gut oder Schlecht.

Es geht nur darum, neugierig zu werden auf die eigene Selbstwahrnehmung und diese zu erhöhen. Damit erweitern Sie Ihr inneres Spielfeld. Wenn Sie sich selbst besser wahrnehmen, reift Ihre Persönlichkeit. Sie bekommen nicht nur Verhaltensalternativen, sondern dazu viel mehr Gespür für authentisches, aufrichtiges und damit vorbildliches Verhalten. So werden Sie als wirkliche Persönlichkeit spürbar, die ganz anders geachtet und respektiert wird.

?! Die Kraft des Rosenbuschs

- Stellen Sie sich einen Rosenbusch vor und schreiben Sie Ihre Potenziale in die Knospen.
- Machen Sie eine Auflistung all Ihrer Potenziale und Fähigkeiten. Kommt Ihr Busch auf viele Knospen?

Setzen Sie die Übung fort: Welche Potenziale erkennen in mir …

- meine Partnerin, mein Partner,
- meine Freunde,
- meine Familie/Geschwister, Familie,
- meine Klasse,
- vertraute Kolleginnen und Kollegen?

Trauen Sie sich, diese Menschen zu befragen und ergänzen Sie damit Ihr eigenes Bild von sich selbst.

Meine Schätze

Setzen Sie sich mit einigen wirklich vertrauten Kolleginnen und Kollegen zusammen. Eine Person setzt sich in die Mitte und schließt die Augen.

- Alle anderen erzählen nun, was sie an dieser Person alles schätzen, sehen, mögen. Dies kann die eigene »innere Welt(sicht)« sehr erweitern.

Erinnerungen an die eigene Schulzeit

Versetzen Sie sich zurück in Ihre eigene Schulzeit und erinnern Sie sich an eine Lehrerin, einen Lehrer, die/den Sie sehr mochten. Überlegen Sie:

- Was mochten Sie an dieser Person?
- Wie war Ihre Mitarbeit im Unterricht?
- Wie war Ihre Körper(an)spannung?
- Wie groß war Ihre Angst, Ihre Freude, Ihre Langeweile, Ihre Motivation? Wie groß war Ihr innerer Druck?

- Wie angespannt oder entspannt atmen Sie, während Sie sich erinnern? (→ Spüren Sie Ihre Atmung hauptsächlich im Hals, im Brustkorb oder bis tief in Bauch und Becken?)
- Wie lernten Sie für diesen Unterricht? Wie waren Ihre Noten?

Versetzen Sie sich zurück in Ihre eigene Schulzeit und erinnern Sie sich an eine Lehrerin/einen Lehrer, den Sie *nicht* mochten:
- Was mochten Sie nicht an dieser Person?
- Wie war Ihre Mitarbeit im Unterricht?
- Wie war Ihre Körper(an)spannung?
- Wie groß war Ihre Angst, Ihre Freude, Ihre Langeweile, Ihre Motivation? Wie groß war Ihr innerer Druck?
- Wie tief atmen sie (während Sie sich erinnern)?
- Wie lernten Sie für diesen Unterricht? Wie waren Ihre Noten?

Versetzen Sie sich zurück in Ihre eigene Schulzeit und erinnern Sie sich an eine Lehrerin/einen Lehrer, der Angst verbreitete:
- Was mochten Sie nicht an dieser Person?
- Wie war Ihre Mitarbeit im Unterricht?
- Wie war Ihre Körper(an)spannung?
- Wie groß war Ihre Angst, Ihre Freude, Ihre Langeweile, Ihre Motivation? Wie groß war Ihr innerer Druck?
- Wie tief atmen Sie (während Sie sich erinnern)?
- Wie lernten Sie für diesen Unterricht? Wie waren Ihre Noten?

Tauschen Sie sich, wenn möglich, in einer kleinen Gruppe mit vertrauten Kolleginnen und Kollegen über Ihre Erinnerungen und Erfahrungen aus.

Wenn Sie die Schülerin/den Schüler, die/der Sie einmal waren, aus heutiger Sicht wahrnehmen:
- Wie ging es diesem Kind damals in der Schule?
- Welche Eindrücke und Erfahrungen haben es besonders geprägt?

Mein Unterricht

Jetzt stellen Sie sich vor, dieses Kind, das Sie einmal waren, sitzt in Ihrem heutigen Unterricht. Lassen Sie sich Zeit, sich dies vorzustellen. Wie ginge es diesem Kind dann? Bleiben Sie in der Kinderrolle und schauen Sie sich den Unterricht aus dieser Perspektive an.

- Wie nehmen Sie Ihre Körperanspannung wahr, Ihren inneren Druck, Ängste, Freuden etc.?
- Was verändert sich und wie?

Machen Sie diese Übung ohne Vorwürfe an sich selbst, nur neugierig, auch wenn manche Erkenntnisse vielleicht schmerzen sollten. Es tut langfristig mehr weh, die Augen vor Erkenntnissen zu verschließen, die man nicht sehen will, und es verhindert, dass sich Freude über positive Erkenntnisse und Wahrnehmungen in Ihnen ausbreiten kann. Ihnen bleibt dann nicht nur das Negative, sondern auch das Positive verborgen.

Wechseln Sie wieder die Perspektive und schauen Sie auf sich selbst in Ihrem heutigen Unterricht. Wie geht es Ihnen selbst in Ihrem eigenen Unterricht?

- Was nehmen Sie in Ihrem Körper wahr?
- Wie hoch ist Ihre Anspannung?
- Wie atmen Sie: angestrengt, schnell, hektisch, ruhig, tief, …?
- Wie hoch ist Ihr inneres Tempo? Ihr Puls?

Inneres Tempo

Achten Sie mehrmals während eines Arbeitstages auf Ihr inneres Tempo:

- Fühlen Sie sich wie ein Auto, das im ersten Gang langsam vor sich hintuckert oder gemütlich im zweiten Gang fährt, im dritten Gang bei 80 … bei 180 mit Vollgas, oder das sogar mit Vollgas eine Wand zu verschieben versucht?
- Wie gut können Sie abschalten? Beobachten Sie sich! Steigt sonntags die innere Spannung vor dem Montag schon so an,

dass es Sie sonntags auch schon beeinträchtigt und Ihnen einen schlechteren Schlaf bringt?

Meine innere Stimme

- Grübeln Sie viel? In welchem Ton redet Ihre innere Stimme mit Ihnen? Haben Sie freundliche Helfer in sich oder große Kritiker, die Sie niedermachen?

Geben und Nehmen

Wie einfühlsam und offen für Ihr Gegenüber erleben Sie sich? Beobachten Sie sich einige Tage in Ihrer Kommunikation sowohl im Kollegium als auch im privaten Rahmen:

- Können Sie anderen zuhören und sich in das Gehörte einfühlen, darauf reagieren?
- Oder sind Sie so stark mit sich selbst beschäftigt, so bedürftig danach, gesehen zu werden, dass Sie kaum noch in der Lage sind, sich auf andere wirklich einzulassen und hauptsächlich von sich selbst erzählen wollen?
- Was fällt Ihnen auf? Ist der innere Mangel sehr groß, besteht die Gefahr, dass Gespräche als Möglichkeit genutzt werden, eigene Belastungen abzuladen oder unbewusst Unterstützung und Aufmerksamkeit einzufordern.

Beobachten Sie sich und seien Sie einfach neugierig auf die Erkenntnisse. Machen Sie sich oder anderen keine Vorwürfe. Freuen Sie sich eher darüber, was Ihnen alles auffällt.

Grenzen

- Geben Sie schnell nach und gehen auf die Bedürfnisse anderer ein, auch wenn es eigentlich über Ihre eigenen Grenzen geht?
- Geben Sie Eltern nach, die unangemeldet vor der Tür stehen und ein Gespräch wollen, obwohl Sie keine Zeit haben? Können Eltern jederzeit bei Ihnen anrufen?
- Wie schwer fällt es Ihnen, Nein zu sagen? Beobachten Sie Ihr Vorgehen innerhalb eines Monats.

Freude

- Wie viel Freude haben Sie selbst an Ihren Unterrichtsinhalten und der Art, wie Sie diese vermitteln? Sind Sie mit Begeisterung dabei? Woran spüren Sie dies?
- Wie oft lachen Sie mit Ihren Schülern? Wie sehr prägt eine konzentrierte und freundliche Atmosphäre Ihren Unterricht? ?!

Wegweiser

Wenn Sie Interesse an Supervision haben: Geht dies (noch) nicht an Ihrer eigenen Schule, gehen Sie in eine offene Gruppe, in der Lehrer aus den verschiedensten Schulen oder auch andere Berufsgruppen zusammenkommen. Der schulpsychologische Dienst kann Ihnen weiterhelfen.

Zum Weiterlesen

Eichhorn, C. (2001): Souverän durch Self-Coaching. Ein Wegweiser nicht nur für Führungskräfte. Göttingen: Vandenhoeck & Ruprecht.

Lion, B./Stöger, Chr./Niermann, F. (2010): Professionalisierung im Lehrberuf. Weinheim/Basel: Beltz.

Miller, R. (2004): Das ist ja wieder typisch! 25 Trainingsbausteine für gelungene Kommunikation in der Schule. 4. Auflage. Weinheim/Basel: Beltz.

Rosenberg, M. B. (2003): Gewaltfreie Kommunikation. Neue Wege in der Mediation und im Umgang mit Konflikten. 4. Auflage. Paderborn: Junfermann.

Rosenberg, M. B. (2004): Konflikte lösen durch Gewaltfreie Kommunikation. 8. Auflage. Freiburg: Herder.

Schulz von Thun, F. (2001): Miteinander reden. Kommunikationspsychologie für Führungskräfte. 2. Auflage. Hamburg: Rowohlt.

Schulz von Thun, F. (1981/Sonderausgabe 2008): Miteinander reden 1. Störungen und Klärungen. Hamburg: Rowohlt.

Schulz von Thun, F. (1989/Sonderausgabe 2008): Miteinander reden 2. Stile, Werte und Persönlichkeitsentwicklung. Hamburg: Rowohlt.

Schulz von Thun, F. (1998/Sonderausgabe 2008): Miteinander reden 3. Das »Innere Team« und situationsgerechte Kommunikation. Hamburg: Rowohlt.

Weisbach, C./Sonne-Neubacher, P. (2008): Professionelle Gesprächsführung. 7. Auflage. München: Beck.

3 *Eine* pädagogische Sprache

Der Kollegiumsprozess in eine gemeinsame pädagogische Haltung

> Hoffnung ist nicht die Überzeugung, dass etwas gut ausgeht, sondern die Gewissheit, dass etwas Sinn hat, egal wie es ausgeht.
> *(Vaclav Havel)*

Für Schulen und Schulleitungen stehen wichtige Prozesse an, wenn sie ein Kollegium in eine Richtung steuern wollen, die den heutigen Anforderungen und Belastungen wirklich grundlegend etwas entgegensetzt. Und dazu gehört das Einführen und Aufbauen einer zeitgemäßen pädagogischen Haltung, die von möglichst allen mitgetragen und gelebt wird.

Wertschätzenden Kontakt zu Klassen, zu Schülern herzustellen ist die grundlegendste Arbeit, die viel leichter wird, wenn alle Lehrer/-innen bestimmte pädagogische Grundsätze verfolgen. Ziehen in dieser Hinsicht aber nicht alle an einem Strang, haben es die Kollegen, die viel für Kommunikation, Kontakt und Wertschätzung tun, ungleich schwerer in ihrer guten Arbeit.

Denn die Lehrer, denen diese Basisarbeit schwerfällt oder die sie – hoffentlich wird diese Einstellung immer seltener – als nicht notwendig erachten, lösen bei den Schülern bestimmte Verhaltensmuster aus. Für Schüler wird es nämlich schwierig: Vor einem Teil der Lehrerschaft müssen sie sich schützen, misstrauisch auf sich aufpassen, auch Ängste bekämpfen, bei den anderen herrscht Transparenz, Respekt, Offenheit und Lernbereitschaft. Das lässt sich nebeneinander an einer Schule nur schwer ertragen. Es erhöht die Erschöpfung in Kollegien und die Unruhe unter Schülern. So wird Schule als ein unsicherer Ort erlebt. Lehrer und

Schüler verbringen dann Teile ihrer Lebenszeit in großer Anspannung.

Durch die sich gegenseitig fast lahmlegenden Haltungen entsteht dazu eine weitverbreitete Dynamik, die sich in einer tiefen Spaltung in Kollegien zeigt. Diese Spaltung verhindert Kollegialität und dass das Kollegium als Schutz und Kraftquelle genutzt werden kann. Man muss sich auch im Kollegium wappnen, aufpassen, ob einem in den Rücken gefallen wird, sich vor Abwertungen schützen. Dadurch geht allen notwendige Energie verloren. Energie, die dringend benötigt wird. Eigentlich möchte niemand diese verunsichernde Atmosphäre, da die Sehnsucht nach Gesundheit, Freude am Beruf und dem Verstehenwollen der Schüler auch vorhanden ist. Die Ideen für die Umsetzung fehlen nur häufig – und Hilflosigkeit produziert destruktive Verhaltensweisen.

Manche Schulen vergeuden viel Kraft in Machtkämpfen mit Eltern und Schülern, kämpfen auf allen Ebenen, auch untereinander. In einer Misstrauenskultur! Dann werden Grenzen bekämpft, Aufgaben erst recht nicht erledigt. Die Beziehungskultur ist zerstört. Lehrer kommen dann schneller mit Schülern in eine Sanktionsspirale hinein: »Wenn du *das* nicht machst, passiert *das*« – »Ist mir doch egal, mach ich trotzdem nicht« usw. Viel Ohnmacht, Hilflosigkeit und Erschöpfung sind die Konsequenz!

Welche Auswirkungen hat es, wenn sich Lehrer nicht in wertschätzenden Kontakt und Kommunikation ohne chronische Machtkämpfe trauen?

Verhärtung als Schutz

Gerade die Lehrer/-innen, die sich einer wertschätzenden und konstruktiven Haltung verweigern, nehmen zusätzlich nicht wahr, dass auch sie in einem Beziehungsgeflecht arbeiten und ihre eigene Arbeit und Haltung Auswirkungen auf ihre Kollegen hat. Entspannt und freundlich mit einer Klasse zu arbeiten, die zuvor Unterricht

Verhärtung als Schutz

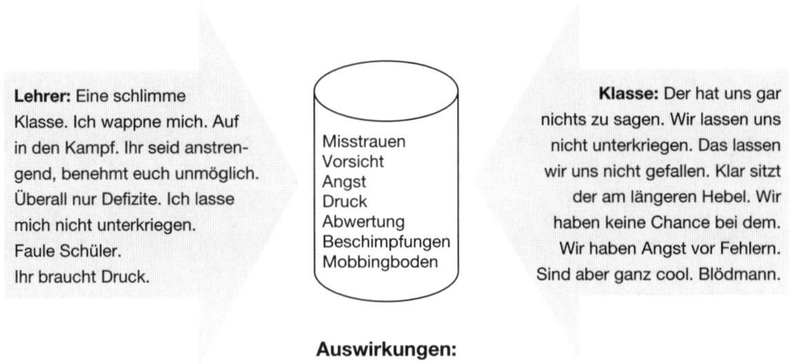

Auswirkungen:

Erschöpfung hoher Energieverlust Zynismus, Härte Aggressionen Selbstzweifel (?) Einsatz von Machtmitteln Sanktionen. schlimmstenfalls Sanktionen über Noten (= Machtmissbrauch) Eltern ordnen sich unter oder widersetzen sich	Leistungsabfall keine Lust zum Engagement Selbstzweifel, Ängste Aggressionen Verhaltensauffälligkeiten Gefühl der Unterdrückung/Machtmissbrauch Resignation oder hohe Kampfbereitschaft Eltern schützen ihre Kinder, verweigern Kooperation, da sie Kinder in Gefahr sehen
Alles fährt sich fest **Eskalationen an der Tagesordnung** **Allen geht es schlecht**	

Abb. 3: Verhärtung als Schutz

bei einem Lehrer hatte, der kämpfend, zynisch und geladen den Unterricht bewältigte, lässt sich manchmal nur ganz schwer beibehalten, da die Schüler sich auch nicht auf Knopfdruck entspannen. Verhaltensweisen zeigen einfach bestimmte Wirkungen.

Treffen die oben beschriebenen Schüler nun auf einen Lehrer mit einer wertschätzenden Haltung, braucht es deshalb einige Zeit, bis sie verstehen, dass ihre »coolen« Schutzmaßnahmen nicht notwendig sind.

Schulen, in denen alle Lehrer/-innen eine wertschätzende Haltung vorleben, freuen sich oft an der entspannteren Unterrichts- und Schulatmosphäre. Offenheit, verbunden mit Vertrauen und Respekt vor den Mitmenschen, kann entstehen, wenn Schüler die Erfahrung machen, dass sie als Mensch angenommen werden.

Aufweichen der Verhärtung

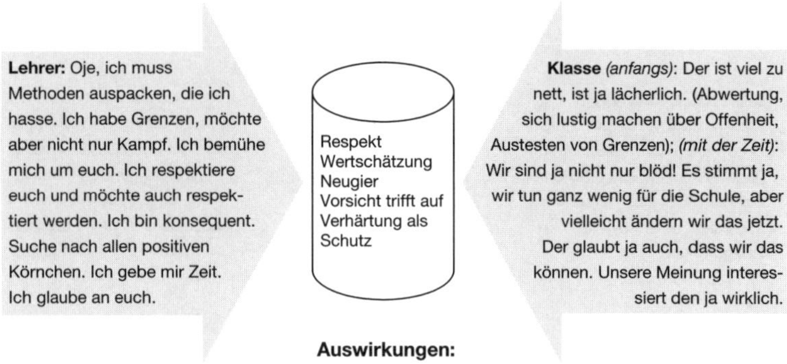

Auswirkungen:

anfangs anstrengend abnehmender Einsatz von Machtmitteln Grenzen wachsender Kontakt motiviert	verunsichert Leistungssteigerung Motivation mehr Lust zum Engagement weniger Aggressionen mehr Freundlichkeit und Freude
Alte Strukturen weichen mit der Zeit auf **Vertrauen wächst langsam** **bessere Lehrer-Schüler-Beziehung** **entspanntere Atmosphäre**	

Abb. 4: Aufweichen der Verhärtung

Das bedeutet, sie können in der Schule darauf bauen, nicht abgewertet und verletzt zu werden. Diese positive Grundhaltung lässt Misstrauen, Ängste, negative Erwartungen – »hoffentlich komme ich klar, mal sehen, was jetzt wieder Negatives passiert, ich lasse mich nicht fertigmachen« – kleiner und kleiner werden. Extremes Schutzverhalten bekommt die Chance, sich zu entspannen. Lernen wird leichter und interessanter.

Das heißt: Betreten Lehrer mit Freude ihren Arbeitsplatz, wird ihnen dieses häufig »gespiegelt«, die Schüler reagieren eher positiv und freudig. Gehen sie mit Ärger und Ablehnung in eine Gruppe, schwingt diese sich auf diese Stimmung ein und wird sie ihnen auch entgegenbringen.

Vertrauensvolle Atmosphäre

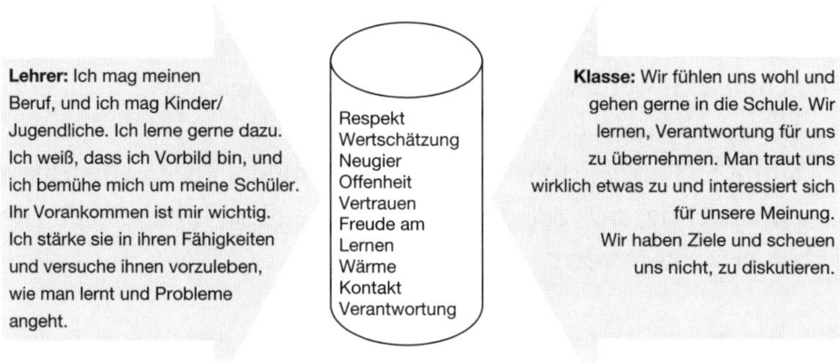

Auswirkungen:

Freude am Beruf Sinn Motivation Konfliktbewältigungsstrategien Kreativität im Umgang mit dem »Stoff«	zunehmende Freude am Lernen Leistungssteigerung Motivation mehr Lust zum Engagement weniger Aggressionen mehr Freundlichkeit und Verantwortungsgefühl Akzeptanz von Grenzen
Vertrauen **gute Lehrer-Schüler-Beziehung** **ruhigere Atmosphäre**	

Abb. 5: Vertrauensvolle Atmosphäre

Lebt nun die Mehrheit der Lehrer eine wertschätzende Haltung, beginnt ein positives Schulklima zu wachsen.

Diese Vision lässt sich herstellen, wenn Schulbehörden und Schulleitungen sich bewusst machen, was für Teamentwicklungsprozesse an Schulen notwendig und »NOT«-wendend sind.

Respektvoller Umgang mit dem Ist-Zustand einer Schule

Vielen Schulen ist bereits klar, dass sie den so wichtigen Rahmen für die heutigen Kinder und Jugendlichen nur über gemeinsame

Vorgehensweisen schaffen können. Sie produzieren nun, auch auf Druck der Schulbehörden, mit viel Aktionismus und Zeitaufwand Konzepte, die erst einmal nur widerspiegeln, was eine Schule alles »macht«. Da werden Erziehungsvereinbarungen, Wertekataloge, Verhaltensverträge, Leitbilder uvm. entwickelt.

Damit sich aber Erfolg in der Umsetzung der Ideen einstellt, ist es ganz wichtig, sich gut zu überlegen, wie diese Inhalte auch zum Leben erweckt werden. Papier ist geduldig.

»Ich respektiere Lehrer dann, wenn die Lehrer uns *auch* respektieren. Es bringt nichts, wenn ich das Gefühl habe, der Lehrer achtet und respektiert uns nicht. Ich fühle mich nur noch schlechter, wenn ich auf verständnisvoll mache und es mir gefallen lasse, respektlos behandelt zu werden. Meine Meinung ist, dass jeder jeden respektieren soll.«
Anna, 14

Schulen stehen vor der Frage, wie sie erreichen, dass sich alle an Vereinbarungen halten und dass Inhalte, z. B. gerade die oft ersehnten Werte, auch vorgelebt werden. In Konferenzen und Dienstbesprechungen wird vieles besprochen und abgestimmt. Trotzdem ist es Alltag, dass Mehrheitsbeschlüsse von Teilen nicht mitgetragen werden. Sie stimmen manchmal sogar allem zu, »nicken es ab« und machen weiter wie vorher. Sie machen, was sie wollen.

Es ist an Schulen sogar ohne Weiteres möglich, dass sich Einzelne einfach weigern, mehrheitlich getroffene Entscheidungen mitzutragen. Aus den unterschiedlichsten Gründen fällt es ihnen leichter, sich zu verweigern oder hart zu bleiben als ihre Haltung aufzuweichen. Überzeugungsarbeit erscheint hoffnungslos. Die absolute Sicherheit des Arbeitsplatzes macht diese Auswüchse leider möglich. Trotzdem geht es diesen Lehrern mit ihrer Haltung meist nicht gut, auch wenn sie dies nicht unbedingt zugeben. Sie strahlen keine Lebensfreude und Berufszufriedenheit aus und blicken am Ende ihrer beruflichen Tätigkeit meist sehr verbittert auf die Jahre zurück.

Deshalb darf man die Hoffnung nicht aufgeben, Wege zu finden, auch solche Kollegen zu erreichen. Aber es bedarf anderer Türöffner als Druck, Abwertung, Bitten oder Ignoranz. Für diese Kolleg/-innen ist die Welt(-sicht) der ernsthaften und wertschätzenden Beziehung zu Schülern, der reflektierten Kommunikation völlig unbekannt. Sie wissen gar nicht, wie sie diese Welt betreten könnten, selbst wenn sie es wollten.

Im besten Falle erklären manche dieser misstrauischen Lehrer sich sogar dazu bereit, Mehrheitsbeschlüsse mitzutragen, erkennen aber gar nicht die damit verbundenen Auswirkungen auf ihre eigene Person und ihr eigenes Verhalten. Wenn ein unreflektierter Lehrer, der mit Schülern oftmals kämpft und sie schnell abwertet, den Vorsatz mitträgt, »Wir gehen respektvoll miteinander um«, wird er an der Umsetzung scheitern, weil er seine eigene Respektlosigkeit erst erkennen und aufgeben müsste. So ein Beschluss ist leider oft das Papier nicht wert, auf dem er festgehalten wird. »Dann schalte ich eben die Schulbehörde ein, wenn sich Teile des Kollegiums weigern, den Beschluss mitzutragen«, tobte dazu die Schulleiterin. Und dann? Dann weiß der betroffene Lehrer trotzdem noch nicht, was damit gemeint ist.

> Eine respektvolle Haltung kann nicht einfach per Konferenz verordnet werden. Aber sie kann gelernt und vermittelt werden. Jeder kann dazulernen und neue Erfahrungen machen. Damit betreten Schulen absolutes Neuland: Gesundes Neuland, das ihre Arbeit wirksamer und professioneller machen wird.

Leider gehen schulische Veränderungsprozesse sehr langsam voran. Woran liegt das?

- An den teilweise *zweifelhaften Gründen*, aus denen der Lehrerberuf ergriffen wurde, verbunden mit einem Studium, in dem die selbstverständliche Selbstreflexion als berufsbegleitende Aufgabe keine Bedeutung hat. Gerade dadurch ist die Bereitschaft im Beruf stehender Lehrer, jetzt auf einmal damit zu beginnen, so erschreckend gering.

- Lehrer waren immer *Einzelkämpfer*, mit allen Vor- und Nachteilen. Was sie im Klassenraum machten, wie sie unterrichteten, wurde nur dann hinterfragt, wenn Probleme auftauchten bzw. nach außen sichtbar wurden (→ Elternbeschwerden bei der Schulleitung, zu viele schlechte Noten ...). Der Einzelkämpferstatus lässt z.B. manche Überlastung lange nicht sichtbar werden, ebenso Machtmissbrauch (z.B. Disziplinierung über schlechte Noten) und gibt engagierten ebenso wie frustrierten Lehrern viel Freiheit. Kooperation wurde genutzt oder abgelehnt, je nachdem, ob der Wunsch nach Zusammenarbeit aufkam oder nicht.
- Dazu treffen die Kinder des 21. Jahrhunderts immer noch auf *Schulstrukturen*, die denen ihrer Eltern und Großeltern sehr ähneln. Sicher gibt es heute mehr Ganztagsschulen, die aber oftmals an der Unterrichtsverteilung nicht viel ändern, nachmittags überwiegend Betreuungs- und AG-Angebote machen, morgens Unterricht im 45-Minuten-Takt. Hinzu kommt, dass selbst für ideenreiche Schulen die Möglichkeiten eng begrenzt sind, da der finanzielle Spielraum, der Bewegung ermöglichen könnte, oft lächerlich gering ist. Es gibt fantastische Projektschulen, die innovative Wege ausprobieren, zum Glück.

> Vergleichen Sie doch einmal selbst die Strukturen der Schule Ihrer Kindheit mit der Ihrer Kinder oder mit den Strukturen der Schule, an der Sie unterrichten: Wie groß war Ihre frühere Klasse? – Welche Klassenstärken finden Sie heute vor? – Wie sieht die Stundenverteilung aus? Die Raumsituation? Die Pausenfestlegung? Gibt es da wirklich gravierende Unterschiede?

Eltern wollen spüren, dass eine Schule die heutigen gesellschaftlichen Verhältnisse wirklich kennt und wirksame pädagogische Konzepte anbietet. Nicht nur die Kollegien selbst, sondern auch die Eltern registrieren doch verstärkt die große Erschöpfung und Hilflosigkeit vieler Lehrer. Die Angst der Eltern um den beruflichen Weg ihres Kindes nimmt zu, wenn ca. 80.000 Jugendliche jährlich ohne Schulabschluss auf der Straße stehen.

Dazu ist es schon lange nicht mehr selbstverständlich, dass es genug Lehrstellen gibt. Das schürt die elterliche Angst, dass ihr Kind arbeitslos werden könnte. Deshalb hoffen sie auf Schulen, die gut informiert und geschult nach Wegen suchen, mit den heutigen Anforderungen umzugehen.

Hinzu kommt die Vielzahl der gesellschaftlichen Veränderungen, die immer mehr haltlose, orientierungslose Jugendliche in allen Bildungsschichten auffallen lassen, manchmal auch gekoppelt mit Eltern, die die komplette erzieherische Arbeit mit ihren Kindern am liebsten der Schule überlassen würden. Die Überforderung aller sucht nach Grenzen, nach Halt und Auswegen.

- Aber *Veränderungen im Regelschulsystem* scheinen nur sehr langsam umgesetzt werden zu können, da sie auch getragen werden müssen von den jeweiligen Kollegien. Ein solches kann sich ein Schulleiter nun nur bedingt in seinem Sinne zusammenstellen. So kann es passieren, dass Lehrer, die für aktuelle pädagogische Konzepte völlig aufgeschlossen sind, diesbezüglich hochmotiviert sind, auf eine Schulleitung treffen, die sehr konservativ ist, ablehnend neuen Wegen gegenübersteht. So wird die konstruktive Veränderungsbereitschaft in Kollegien ausgebremst. Genauso kann es sein, dass eine neue Schulleitung auf ein Kollegium trifft, das in sich sehr starr ist und sich Veränderungsschritten gegenüber verweigert. An Privatschulen kann mehr Beweglichkeit in Kollegien erreicht werden, da u.a. Schulleiter stärker die Richtung der Schule festlegen können, es erwartet wird, dass die pädagogische Haltung der Schule von neuen Lehrern mitgetragen wird, Lehrer, die sich absolut nicht mit den pädagogischen Konzepten identifizieren wollen, entlassen werden können.

Bedingt durch diese Dynamiken ist es eine große Herausforderung, das Schiff »Schule« in eine gute Richtung zu steuern.

Bestandsaufnahme des Ist-Zustands

?! **Befragung 1: Welche Werte haben wir an unserer Schule?**

- Sammeln Sie im ganzen Kollegium, unter allen Schülern (oder allen Klassensprechern), unter allen Elternsprechern die Werte, die den einzelnen Gruppierungen wichtig sind. ?!

Sie werden feststellen, dass sich bestimmte Begriffe wiederholen und von allen als sinnvoll bezeichnet werden:

Respekt – Hilfsbereitschaft – Bildung – Konfliktfähigkeit – Wertschätzung – Übernahme von Verantwortung – Zusammenarbeit – Frustrationstoleranz – Kommunikationsfähigkeiten – Achtung – Kreativität – Einfühlungsvermögen/Empathie – Zuverlässigkeit – Zivilcourage – Aufrichtigkeit – Durchhaltevermögen – Toleranz – …

Beginne damit, das Nötige zu tun. Dann tue das Mögliche, und plötzlich tust du das Unmögliche. *(Franz von Assisi)*

Ein Teil der Schlüsselqualifikationen findet sich darin wieder, die von Arbeitgebern und Ausbildungsbetrieben gewünscht werden.

Wie Schulen diese mit Leben füllen, ist die interessante Herausforderung. Dafür kommt neben den im Buch bisher genannten Wegen auch den Schulleiterinnen und Schulleitern eine entscheidende wegweisende Rolle zu. Leitung kann vermitteln, dass es Licht am Ende eines Tunnels gibt, und eine starke Veränderungsbereitschaft auslösen, wenn sie dazu motivieren will und kann.

Die Bedeutung heutiger Schulleiter hat zugenommen, da es auch an ihnen liegt, entscheidende Impulse zu setzen, Wege zu ebnen und Wissen darüber zu haben, wie man mit den verschiedenen Haltungen im Kollegium umgehen kann.

Die *gruppendynamischen Fähigkeiten* heutiger Schulleiter sind dafür immens wichtig sowie das Wissen über *Teamentwicklungsprozesse*. Sie sind *die* entscheidenden Hilfsmittel im Umgang mit den einzuleitenden Veränderungsschritten.

Wirksame Schritte sind möglich, wenn man sich mit Interesse und ohne Abwertung den Ist-Zustand einer Schule anschaut. Je zerrissener und erschöpfter ein Kollegium, umso größer ist die Not. Über Vorwürfe erreicht man keine Veränderung. Der Leidensdruck und die Haltungen dahinter sind von Interesse. Wird der Ist-Zustand einer Schule allen wirklich deutlich, steht man auf dem (vielleicht etwas brüchigem) Boden, auf dem aufgebaut wird.

Zusammenarbeit zu lernen ist mehr als Unterrichtsmaterial auszutauschen, Termine abzusprechen usw. Wirkliche Kooperation, gemeinsame pädagogische Werte und Haltungen einzuführen und zu leben setzt eine Entwicklung im Kollegium voraus, die angeleitet und der auch Zeit gegeben werden muss.

?! Befragung 2: Wo stehen wir als Team?

– Führen Sie eine (anonyme) Befragung aller (siehe Befragung 1) zu der Frage »Wo stehen wir als Team?« durch. Auf einer Skala von 1 bis 5 bedeutet 1 »gar nicht« und 5 = »sehr«)

	gar nicht				sehr
• Wie mitverantwortlich fühlen Sie sich für die Atmosphäre an Ihrer Schule?	1 ❑	2 ❑	3 ❑	4 ❑	5 ❑
• Wie informiert sind Sie über Erfolge und eingeschlagene Wege anderer Schulen?	1 ❑	2 ❑	3 ❑	4 ❑	5 ❑
• Wie informiert sind Sie über aktuelle pädagogische Entwicklungen und Forschungen?	1 ❑	2 ❑	3 ❑	4 ❑	5 ❑
• Wie wichtig ist Ihnen eine gute Kollegiumsatmosphäre?	1 ❑	2 ❑	3 ❑	4 ❑	5 ❑
• Wie groß ist Ihre Bereitschaft, sich für die Verbesserung der Zusammenarbeit im Kollegium einzusetzen?	1 ❑	2 ❑	3 ❑	4 ❑	5 ❑

	gar nicht				sehr
• Wie hoch ist Ihre Bereitschaft, Ihre Unterrichtstüren zu öffnen und zu zeigen, wie Sie arbeiten?	1 ❑	2 ❑	3 ❑	4 ❑	5 ❑
• Wie groß ist Ihre Bereitschaft, neue pädagogische Wege auszuprobieren?	1 ❑	2 ❑	3 ❑	4 ❑	5 ❑
• Wie groß ist die Freude an Ihrer Arbeit?	1 ❑	2 ❑	3 ❑	4 ❑	5 ❑
• Wie sehr freuen Sie sich über Erfolge Ihrer Schule?	1 ❑	2 ❑	3 ❑	4 ❑	5 ❑
• Wirkt sich Ihre eigene Einstellung zu Ihrer Arbeit positiv auf Ihre Kollegen aus?	1 ❑	2 ❑	3 ❑	4 ❑	5 ❑
• Wirkt sich Ihre Einstellung zu Ihrer Arbeit negativ auf Ihre Kollegen aus?	1 ❑	2 ❑	3 ❑	4 ❑	5 ❑
• Wie stark ist die Übereinstimmung Ihrer Worte mit Ihrem Verhalten?	1 ❑	2 ❑	3 ❑	4 ❑	5 ❑
• Wie groß ist Ihre Bereitschaft dazuzulernen?	1 ❑	2 ❑	3 ❑	4 ❑	5 ❑
• Wie leistungsfähig fühlen Sie sich?	1 ❑	2 ❑	3 ❑	4 ❑	5 ❑
• Wie sehr betrachten Sie lebenslanges Lernen und Dazulernen als Selbstverständlichkeit in Ihrem Beruf?	1 ❑	2 ❑	3 ❑	4 ❑	5 ❑
• Wie motivierend wirken Veränderungen auf Sie?	1 ❑	2 ❑	3 ❑	4 ❑	5 ❑
• Wie groß ist Ihre Bereitschaft zu gemeinsamen Absprachen?	1 ❑	2 ❑	3 ❑	4 ❑	5 ❑
• Wie kraftgebend erleben Sie Ihr Kollegium?	1 ❑	2 ❑	3 ❑	4 ❑	5 ❑
• Schätzen Sie ein, wie verantwortungsbewusst und zuverlässig bisher mit Entscheidungen in Ihrem Kollegium umgegangen wurde.	1 ❑	2 ❑	3 ❑	4 ❑	5 ❑

	1 (gar nicht)	2	3	4	5 (sehr)
Wie offen und konstruktiv wird diskutiert?	❑	❑	❑	❑	❑
Schätzen Sie ein, wie oft miteinander statt übereinander geredet wird.	❑	❑	❑	❑	❑
Wie groß ist die Fähigkeit Ihres Kollegiums, Konflikte konstruktiv zu lösen?	❑	❑	❑	❑	❑
Wie groß ist der Anteil derer im Kollegium, die Konflikte nicht durch Machtkämpfe klären wollen?	❑	❑	❑	❑	❑
Wie sehr erleben Sie Kollegen in schulischen Diskussionen als Partner?	❑	❑	❑	❑	❑
Wie sehr erleben Sie Kollegen in schulischen Diskussionen nicht als »Feinde« und zu bekämpfende Gegner?	❑	❑	❑	❑	❑
Wie sehr leben Sie alle eine Vorbildfunktion?	❑	❑	❑	❑	❑

Die letzte dieser drei Befragungen ist gedacht als Diskussionsgrundlage in Schulleitungsteams oder für Leitungsfortbildungen.

Befragung 3: Fragen an Schulleiter/-innen

- Welche Werte vertreten Sie an Ihrer Schule?
- Wie groß ist die Übereinstimmung Ihrer pädagogischen Haltung mit den Haltungen in Ihrem Kollegium?
- Wie weit erleben Sie sich als Vorbild?
- Was halten Sie davon, wenn von Ihnen erhofft und verlangt wird, sich einer Vorbildfunktion bewusst zu sein?
- Erleben Sie selbst Ihr Verhalten kongruent mit Ihren Worten?
- Wie geschult sind Sie darin, mit gruppendynamischem Wissen einem Kollegium Anstöße zu geben?

- Wie begrenzen Sie destruktives und verantwortungsloses Verhalten von einzelnen Lehrerinnen und Lehrern?
- Sammeln Sie die Potenziale Ihres Kollegiums. Welche Fähigkeiten bringen die einzelnen Personen ein? Nutzen Sie die Potenziale bzw. sind Sie Ihnen bekannt?
- Haben Sie Freude an Ihrer Führungsaufgabe?
- Auf welche Erfolge blicken Sie mit Freude zurück?
- Wie schätzen Sie Ihre Fürsorge als Leitung gegenüber jedem einzelnen Lehrer ein?
- Wie gut kennen Sie die Schüler Ihrer Schule?
- Erleben Schüler Sie hauptsächlich als sanktionierende Instanz oder auch fürsorglich und unterstützend?
- Welche Erfahrungen aus Ihrer eigenen Schulzeit wirken sich auf Ihre Leitungsaufgabe aus?
- Welche Methoden wenden Sie an, um Besprechungen zu leiten?
- Wie gut sind Sie informiert über erfolgreiche pädagogische Konzepte?
- Wie sieht Ihre ideale Schule aus?
- Wie haben Sie Erfahrung gesammelt in Ihrer Leitungsaufgabe?
- Welche Unterstützungen nutzen Sie für Ihre Leitungsaufgabe?
- Wie stehen Sie zu Leitungscoaching, zu Fortbildungen über Kommunikation für Führungskräfte, zu Fortbildungen über Gruppendynamik?

?!

Schulleiter, Steuerungsteams und erfahrene/kenntnisreiche Schulbehörden sollten unbedingt zu der so gewinnbringenden Auseinandersetzung mit der eigenen Person und den beruflichen Methoden motivieren. Und diese in Schulen einführen als neues und künftig selbstverständliches Handwerkszeug. Das erfordert Motivationshilfen, keinen abwertenden Druck, sondern gerade Respekt und Verständnis vor der Ausgangssituation. Wie schon angesprochen haben viele Lehrer Angst vor oder Vorbehalte gegen Supervision oder können sich deren Nutzen überhaupt nicht vorstellen. Abwehr und Angst bekommt man nicht durch Druck gebändigt, sondern durch viel Motivation und angstnehmende, hinführende Unterstützung.

> Der Mann, der den Berg abtrug, war derselbe, der damit angefangen hatte, kleine Steine wegzutragen. *(Weisheit aus China)*

Weiterführende Literatur finden Sie im Anschluss an das Kapitel 4.

4 Rituale und Werteerziehung als identifikationsfördernde Hilfen

Wie Rituale den Schulalltag verändern

Erste rahmen- und haltgebende Schritte gehen Schulen durch die bewusste Gestaltung des Schulalltages mithilfe von Ritualen. Dies ist leicht möglich, selbst wenn die pädagogischen Haltungen der Lehrer, die die Rituale anleiten, noch sehr unterschiedlich sind. Schulen installieren damit wichtige strukturierende Hilfen, die gleichzeitig viel Atmosphäre schaffen. Das können Schulfeste sein oder Signale im Unterricht, die Übergänge ankündigen, z.B. vom Spiel zu konzentriertem Arbeiten. Manche Rituale haben einen hohen symbolischen Gehalt wie Adventsgestaltungen oder die manchmal berührende Zeremonie des Abschiednehmens zwischen Schülern und Lehrern.

Sinngebende Rituale erhöhen die innere Verbindung mit der Schule, stärken das *WIR*(-Gefühl) und fördern Solidarität und Gemeinschaft. Vertraute Rituale vermitteln durch die Wiederholung, den immer gleichen Ablauf, Sicherheit und Ruhe. Der Ablauf muss trotzdem nicht völlig starr sein, sondern soll und darf sich natürlich verändern und angepasst werden an die Gruppenbedürfnisse (Grundschulkinder haben naturgemäß andere als 16-Jährige).

»Wir freuen uns sogar auf die sechste Stunde montags. Weil wir uns nicht mehr konzentrieren konnten, hat Frau N. eingeführt, dass wir die Stunde immer mit einer Fantasiereise beginnen. Fünf bis zehn Minuten, länger nicht. Am Anfang fanden wir das doof, aber jetzt liegen wir schon mit den Köpfen auf den Tischen, wenn Frau N. in die Klasse kommt.«
Steffi, 13

Jeder Lehrer benutzt selbst meist schon eine Vielzahl an Ritualen, übt sie liebevoll und voller Überzeugung mit Gruppen ein und genießt die Wirkungen.

Die Kraft mancher schulischer Rituale kann intensiviert werden, wenn man sie *klassenübergreifend* einsetzt und dadurch bei Schülern das Gefühl verstärkt: »Bei uns an der Schule ist das so. Wir machen das alle (z. B.: Wir begrüßen uns bei Unterrichtsbeginn im Stehen.).«

Halten sich *alle* Lehrer an eine solche Absprache, wird den Schülern deutlich, dass es sich um ein schulisches Ritual handelt, nicht nur um den Wunsch eines einzelnen Lehrers, den man viel schneller infrage stellt (→ »Warum sollen wir denn bei Ihnen aufstehen? Bei den anderen Lehrern müssen wir das auch nicht.«).

Die damit verbundenen Diskussionen können bei den klassenübergreifenden Ritualen vermieden werden. Wenn Schülern diese Vorgehensweise klar wird, nehmen sie erfahrungsgemäß ein Ritual, das ja einen Sinn hat (hier: einen Übergang zu schaffen zu Ruhe und Aufmerksamkeit), mit schwindendem Widerstand an.

Nach anfänglichen Schwierigkeiten erkennen Kollegien schnell den Nutzen gemeinsamer Rituale. Dies gilt auch für schulische Regeln. Alle erfahren Entlastung und sind befreit von der persönlichen und einzelnen Rechtfertigung bestimmter Vorgehensweisen. Die Kollegien tragen Schulentscheidungen mit und setzen nicht nur ihre eigene persönliche Entscheidung durch. Schüler spüren die Transparenz und erkennen diese »Orientierungsleitplanken« an: »So ist das einfach an unserer Schule!«

Einige Beispiele für (klassenübergreifende) Rituale

- festgelegte *Begrüßung* zwischen Schüler und Lehrer zu Unterrichtsbeginn (z.B immer im Stehen),
- *Geburtstage* werden gestaltet (→ z.B. mit einem Zeitbedarf von fünf Minuten),
- ein festgelegtes *Ruhezeichen* (→ Handzeichen, Gong ...)
- klarer Ablauf der *Einschulung* von neuen Schülern,
- *Verabschiedung* von ausscheidenden Schülern und Lehrern,

- ggf. gemeinsamer *Gottesdienst*,
- bei *Extremsituationen* wie Todesfällen: Kartenwand, Kondolenzbuch für Schüler,
- *Schulfeste* (→ die eigene Schule steht im Mittelpunkt),
- selbst initiierte *Preisverleihungen/Auszeichnungen* (→ Schüler auszeichnen für Zivilcourage, Hilfsbereitschaft, gute Zeugnisse, Verhaltensverbesserungen, Engagement für die Schulgemeinschaft oder für die eigene Klasse – der Fantasie sind keine Grenzen gesetzt),
- innerhalb oder außerhalb des Klassenrates *Feedbackrunden* mit der Klasse (→ ca. 1×/Woche im Stuhlkreis: »Was haben wir Schönes erlebt? Was gibt es akut für Probleme? Was hat sich verbessert? Wer benötigt Hilfe?«). Diese Rituale üben zusätzlich Kommunikationstechniken und Selbstverantwortung ein.
- *Wochenbeginn/-abschluss* mit dem Klassenleiter im gemeinsamen Gespräch,
- *Präsentationen* von Plakaten, Projekten, Arbeitsgruppenergebnissen mit festgelegtem Ablauf, der so in jeder Klasse immer wieder neu geübt und damit vertrauter wird (gern auch vor Publikum, damit Schüler mit ihren Leistungen auch außerhalb wahrgenommen werden). Das fördert zusätzlich den Umgang mit dem persönlichen Auftritt, sich vorstellen, mit Applaus umgehen, deutlich zu sprechen, Körperspannung, Augenkontakt usw.

Rituale sind auch wichtig für Lehrer. Gerade durch die hohe Erschöpfung sind Verbindung schaffende kleine Inseln von großer Bedeutung, da sie oft als Unterstützung erlebt werden. Dies ist wichtig für alle Schulformen und in hohem Maße wichtig für Kollegien, die sehr haltlose schulische Rahmenbedingungen haben wie z.B. berufsbildende Schulen, in denen die unterschiedlichsten Schulabschlüsse und Ausbildungen gemacht werden können.

»Ich werde nie vergessen, wie ich an meiner neuen Schule begrüßt wurde. An der letzten Schule bin ich zwischen vielen Besprechungspunkten einfach nur kurz vorgestellt worden. Alle hatten Zeitdruck und wollten schnell weg. Aber hier jetzt wurden wir drei Neuen wirklich herzlich vorgestellt und willkommen geheißen. Nicht nur wegen der Blumen, die wir bekommen haben, sondern weil ich gemerkt habe, dass die Leitung *wirklich* will, dass wir uns hier wohl fühlen. Das hat mir ganz schön viel Angst genommen.«
Sabine, 29

Rituale für Lehrerkollegien

- *Begrüßung* nach den Ferien, gemeinsames *Frühstück* oder kurzer Empfang vor Konferenzbeginn,
- *Geburtstage* werden bedacht, beglückwünscht und nicht vergessen,
- feierliche *Zuordnung* eines Mentors für neue Kollegen,
- bewusste *Begrüßung neuer Kollegen* (diese darf nicht in der Arbeitsflut untergehen),
- *Abschiede* gestalten,
- *Lehrerstammtisch*,
- gemeinsame *Feste*.

In vielen Kollegien herrscht großer Ideenreichtum, auch in Bezug auf die Integration der Eltern.

Identifikationsstiftend und -fördernd sind Schulveranstaltungen, die sich an *alle* Mitglieder der Schulgemeinschaft wenden. So laden immer mehr Schulen nicht nur zu Konzerten oder Festen ein, sondern auch zu regelmäßigen Veranstaltungen an einem festen Tag im Monat. Mal findet ein Vortrag von einer Erziehungsberatungsstelle statt, im nächsten Monat stellen Eltern mit interessanten Berufen ihren Ausbildungsweg vor, ortsansässige Künstler werden eingeladen, Lesungen finden statt oder Klassenprojekte werden vorgestellt.

Übung zu Ritualen an der Schule

?! **Sammeln Sie die Rituale Ihrer Schule!**

Machen Sie eine Bestandsaufnahme.

- Welche Rituale haben Sie schon an Ihrer Schule eingeführt?
- Welche Rituale erleben Sie als sinnvoll?
- Gibt es Rituale, die Sie gerne einführen oder ausprobieren würden?
- Wo nutzen einzelne gute Ideen, die übergreifend auch genutzt werden könnten? ?!

Vielleicht experimentieren einige schon mit wunderbaren Ritualen, die aber dem Kollegium gar nicht bekannt sind und die noch viel tragfähiger wären, wenn sie von allen angewendet würden. Machen Sie sich das Vorhandene bewusst. Meist ist dies schon sehr viel – manchmal auch zu viel! Filtern Sie! Es geht nicht um die *Quantität* der Rituale – wichtig ist, dass sie sinnstiftend sind und nicht als ein Zuviel empfunden werden.

Werteerziehung – was fördert Zivilcourage und Verantwortungsgefühl?

In einer Gesprächsrunde griffen Neuntklässler das Thema Diebstahl auf. Sie fragten sich gegenseitig, wer schon alles geklaut habe.

Ein Mädchen verteidigte vehement die Einstellung, dass sie noch nie geklaut habe und es auch nicht machen würde. Sie wurde daraufhin von den anderen verspottet, mit »Streber«, »Baby« u. Ä. bezeichnet. Es scheint selbstverständlicher zu klauen, als es zu lassen.

In einem Projekt über »Alkohol« erzählen Achtklässler freimütig von ihrem Konsum, der »früher« viel schlimmer gewesen sei, in der Zeit der siebten Klasse. Ihre Eltern hätten wenig bis nichts mitbekommen, außerdem würden die auch viel trinken.

»Meine Mutter lag schon oft besoffen bei uns im Partykeller in der Ecke.«

»Mein Vater hat mir, als ich zwölf war, zu Hause den ersten Schnaps angeboten. Es sei ihm lieber, ich trinke bei ihnen.«

Manuel (14): »Ich habe meinen Eltern schon gesagt, ihr habt mich zu gut erzogen und deshalb komme ich in der Schule nicht klar.«

Manuel, motiviert, leistungsstark, sensibel, weint schnell, meldet sich immer weniger, weil er oft angegriffen wird, wegen seines Wesens und seiner guten Leistungen.

Abb. 6: Untergehendes Werteschiff, © Burkhard Mohr in: Das Parlament, 16.8.2004

Die Sehnsucht nach Werten erfüllt viele Schulen. Auf Fortbildungen wird dieses Thema stark besucht, da man sich gerade durch ein neu aufflammendes Wertebe-

> In dir muss brennen, was du in anderen entzünden willst.
> *(Aurelius Augustinus)*

wusstsein positive Wendungen für den Schulalltag und für die gute Entwicklung der Kinder und Jugendlichen verspricht.

> Werte kann man schnell festlegen. Dass sie von Schülern verstanden und gelebt werden, lässt sich aber nicht erzwingen.
>
> Ein Wertebewusstsein wird nur durch die Haltung der Lehrer/-innen entwickelt. Wollen Schulen glaubwürdig Werte vermitteln, kommen sie nicht umhin, diese vorzuleben.
>
> Das bedeutet: Lehrer haben eine *Vorbildfunktion!*

Schüler lernen von ihren Vorbildern, im schlimmsten Fall eben auch Negatives. Jeder Mensch lebt nach bestimmten Werten. Die von Straßengangs stimmen aber nicht unbedingt mit denen überein, die wir im schulischen oder häuslichen Miteinander brauchen.

Erleben Kinder zu Hause Konfliktlösungen grundsätzlich über Machtkämpfe, sollten sie in der Schule auf Neuland treffen und nicht die Erfahrung fortsetzen, dass sich der Lauteste oder Aggressivste durchsetzt. All das funktioniert (nur), wenn Lehrer miteinander kooperieren und an ihrer Vorbildfunktion arbeiten wollen. Manchmal, oder in den meisten Fällen, wird mit Stöhnen auf diesen Anspruch reagiert, da dies – zumindest auf den ersten Blick – noch mehr Belastung bedeutet. Einmal mehr verbirgt sich dahinter oft auch die Sorge, nicht zu genügen, noch *immer* nicht genug geleistet zu haben.

Vorbild zu sein heißt nun nicht, dass man perfekt und fehlerfrei sein muss. Das wäre wirklich sehr anstrengend und nicht umsetzbar. Aber man bewirkt bisher nicht erlebte Entlastung, wenn man als Team den Mut fasst, sich das eigene Verhalten im Hinblick auf seine Vorbildfunktion anzuschauen. Es bedarf an diesem Punkt besonders viel Wertschätzung, z.B. durch Schulleitung und Supervisoren, wenn Kollegen sich trauen, den Blick statt auf die Schüler nun auch auf sich selbst zu richten und neugierig eigenes Verhalten zu beleuchten. Damit beginnt bereits der so wichtige Prozess der *Selbstwahrnehmung* und *Teamentwicklung*. Und Lehrer/-innen erfahren und erleben dadurch sogar am eigenen Leib direkt die Werte Mut und Risikobereitschaft.

Zum Nachdenken
Erinnern Sie sich an einen Lehrer aus Ihrer Kindheit, den Sie als Vorbild erlebt haben.

- Welche Werte vertrat er spürbar?
- Welche Werte sind Ihnen selbst besonders wichtig?
- Wie leben Sie diese den Schülern vor?
- Was würden Ihre Schüler erzählen, wenn sie durch Beispiele belegen sollen, welche Werte von Ihnen, ihrer Lehrerin/ihrem Lehrer, besonders vorgelebt werden?

Auswirkungen von Zusammenarbeit und Wertevermittlung

Verlangt man von Schülern, dass sie höflich und respektvoll miteinander umgehen, wird dies nur glaubhaft, wenn sie ihre Lehrer auch als höflich und respektvoll erleben. Es kann für Lehrer sehr erfüllend sein, sich selbst ein Stück als Orientierung anzubieten und damit zu einem ernst zu nehmenden Gegenüber für die Schüler zu werden. Das ist man natürlich nicht, wenn ein Schüler den Lehrer zu Recht kritisiert: »Wir sollen pünktlich sein, Sie kommen heute ja auch wieder zu spät«. Und dieser sagt nur: »Sei still, das geht dich nichts an.« Oder wenn Lehrer auf dem Schulgelände selbst heimlich rauchen, aber dann rauchende Schüler verärgert zum Schulleiter schleppen.

*Er*ziehung ist *Be*ziehung!
Der Bindung zwischen Lehrern und Schülern kommt gerade durch die gesellschaftlichen Veränderungen, durch den vielzitierten »Werteverfall«, eine wichtige und entscheidende Bedeutung zu. Deshalb bringt es Lehrer/-innen sogar Entlastung und Perspektive, wenn sie ihre Vorbildfunktion akzeptieren und sich darin üben, sie mehr und mehr auszufüllen.

Werteerziehung leistet einen entscheidenden Beitrag zur Persönlichkeitsentwicklung von Kindern und Jugendlichen. Schule sollte sich deshalb ihrer immer wichtiger werdenden Funktion viel bewusster werden! Für manche Kinder ist dies oftmals der einzige Ort, an dem sie Strukturen und Orientierung bekommen. Schule ist viel wichtiger, als es ihr Ruf widerspiegelt.

Wie zeigt sich der Prozess der Werteauseinandersetzung?

Um als Vorbild glaubhaft und spürbar zu sein, muss möglichst jede Lehrerin und jeder Lehrer einer Schule sich mit den Werten, die der Schule wichtig sind, auseinandersetzen. Und dabei stellt sich nun immer wieder heraus, dass es nicht selbstverständlich ist, dass jeder Erwachsene problemlos die Werte mit Leben füllen kann.

Die Auseinandersetzung mit der eigenen Sozialisation, verbunden mit einem sorgsam zu schulenden Blick »nach innen«, ist von großer Bedeutung, um zu erkennen, welche eigenen Klippen zu überwinden sind. So kann es sein, dass alle Mitglieder eines Kollegiums sich respektvolles Verhalten wünschen, aber manch ein Lehrer damit konfrontiert wird, dass er laufend Schüler abwertet, ohne es zu merken. Oder dass ein Kollegium sich sehr für Ordnung einsetzt, ein Klassenlehrer den Müll in seiner Klasse aber überhaupt nicht registriert.

Als Lehrer kann man auch Auslöser für Probleme in Klassen sein, z.B. wenn man nicht spürt, dass man Mädchen gegenüber Jungen bevorzugt oder eine angstauslösende Ausstrahlung verbreitet.

> Nicht weil es schwer ist, wagen wir es nicht, sondern weil wir es nicht wagen, ist es schwer. *(Seneca)*

Um die Reifungsschritte zu machen, die Lehrern die dafür dringend notwendige Wahrnehmung vermitteln, bedarf es regelmäßiger Schulung und Fortbildung. Diese kann eine große Bereicherung für den Berufsalltag bedeuten. Viele Lehrer möchten sie nicht mehr missen, wenn sie einmal begonnen haben, sich auf den Weg in mehr Selbstreflexion zu begeben. Diese kann auf den verschiedensten Wegen angestoßen werden: durch Fortbildungen, begleitende Literatur, kollegiale Beratungen, Therapien und durch Supervision.

Damit noch einmal deutlich wird, was sich hinter Supervision verbirgt, stelle ich im Rahmen einiger Fallbeispiele kleine Entwicklungsprozesse, angestoßen durch die Supervision, vor. Ich möchte Mut machen, sich auf diese Angebote einzulassen, da sie der Unterstützung und Professionalisierung dienen. Das eigene Handeln wird bewusster und reflektierter, verläuft nicht einfach automatisch und aus einer Not heraus. So wächst Professionalität und wirkliches Wertebewusstsein.

Fallbeispiele zur Werteerziehung

An einem Gymnasium: Es besteht völlige Übereinstimmung in dem Kollegium, dass alle den Schülern klare Grenzen setzen möchten, einen konsequenten und wertschätzenden Rahmen bieten wollen. Im Schulalltag wird dann aber immer wieder festgestellt, dass dies trotzdem bei zwei Lehrern, Lehrer A und Lehrerin B, völlig schiefgeht.

Kollegen teilen ihnen wiederholt ihre Beobachtungen mit, bitten sie freundlich, sich doch an die Absprache zu halten. Die zwei zeigen sich einsichtig und bemüht, *wollen* wirklich, bewirken aber keine Veränderung ihres Verhaltens.

In einer Supervisionssitzung diskutieren alle sehr offen darüber, wie sie selbst früher Grenzen erfahren hatten. Dabei stellte sich heraus:

Lehrer A hat als Kind viel Gewalt und Grenzen nur über Schläge erlebt. Die will er bei Kindern nicht wiederholen. Dafür zeigt er heute bei Schülern grenzenloses und nur freundliches Verhalten, lässt alles zu, sodass die Kinder über Tische und Bänke gehen. Grenzen zu setzen verbindet er mit Schmerzen. Es dauert eine Weile, bis ihm bewusst wird, dass er durch sein heutiges Verhalten seine eigenen Grenzen auch nicht respektiert, sich quasi auf der Nase herumtanzen lässt und Schüler erst dann mehr Respekt vor ihm bekommen werden, wenn er durch seine Präsenz, seine Haltung, deutlich macht, wo Grenzen sind.

Lehrerin B hat als Kind Gewalt durch ihren Vater erlebt. Es fällt ihr schwer, Jungen zu unterstützen und zu schätzen. Sie geht besonders hart mit ihnen um, sodass diese sich beschweren, sie würden gegenüber den Mädchen benachteiligt.

Ihr wird klar, dass sie noch heute Jungen ihre Verachtung spüren lässt. Durch diesen Bewusstseinsprozess beginnt sie Jungen mit freundlicheren Augen zu sehen. Diese hören allmählich auf, so massiv gegen sie vorzugehen.

Diese Themen sind eine große Bereicherung in Gruppen, die sich schon länger kennen und vertraut miteinander geworden sind. Alle haben bereits die Erfahrung gemacht, dass es sich für sie selbst sehr gelohnt hat, sich im geschützten Rahmen der Supervision zu öffnen. So können für alle auch sehr berührende Situationen entstehen, die die Beziehungen untereinander verbessern und stärken, verbunden mit ganz positiven Auswirkungen auf den Arbeitsalltag.

»Es macht mir auf einmal Spaß zu lernen. Ich bin viel mutiger geworden. Zum Beispiel habe ich erkannt, dass ich in vielen Dingen, auch privat, ziemlich ängstlich bin, mich an Neues nicht rantraue. Und jetzt stelle ich fest, dass ich auch extrem vorsichtige und ängstliche Schüler habe. Ich bremse die viel zu sehr aus, mache die noch ängstlicher. Seitdem mir das klar ist, kann ich sie anders ermutigen, ihnen sagen, traut euch, auch wenn Fehler passieren. Besser als wenn ihr aus lauter Panik gar nichts macht.«
Eine Lehrerin, 33, nach einiger Zeit der Supervision

Im Kontakt mit Schülern

»Sie wollen, dass wir pünktlich sind und Sie selbst sind fast immer unpünktlich.«

»Ihr habt recht, heute bin ich schon wieder zu spät. Ich will trotzdem weiterhin, dass ihr pünktlich seid, und ich werde mich bemühen, selbst auch pünktlich zu sein. Es ist manchmal mein Fehler, dass ich zu spät losgehe, manchmal schaffe ich es aber auch nicht eher, wenn keine Pause vorher ist und ich aus dem dritten Stock zu euch ins Erdgeschoss laufen muss.«

»*Wir* kriegen Strafen, wenn wir beim Rauchen erwischt werden. Angeblich ist in der ganzen Schule Rauchverbot. Und Sie sehen wir trotzdem auf dem Schulgelände heimlich rauchen. Das ist ungerecht.«

Die Schüler haben Recht und man sollte ihnen dann auch Recht geben.

»Stimmt. Mir ist selbst ganz mulmig bei meinem Verhalten.«

»*Sie* waren es doch, der uns immer gezeigt hat, wie wichtig es ist, zu sich selbst zu stehen. Deshalb können wir jetzt einfach nicht mehr den Mund halten. Wir müssen Ihnen einfach sagen, dass in unserer Klasse geklaut wird und wir den Simon nicht mehr decken wollen, auch wenn er gedroht hat, wir würden Ärger kriegen. Wir wollen, dass er auffliegt.«

Das ist gelebte Zivilcourage.

»Toll, das freut mich, dass ihr so mutig seid.«

In einer anderen Gruppe wird über Zivilcourage diskutiert. Wie mutig sich die Kollegen erleben, wie sie ihre Schüler versuchen zu stärken und wie schwer es trotzdem einigen fällt, sich allein schon in Konferenzen zu Wort zu melden.

Ein junger Lehrer (31), der auch in der Supervision noch nicht viel gesagt hat, wird freundlich gefragt, warum er immer so still sei. Er wisse es eigentlich nicht, antwortet er.

Als ihm gesagt wird, dass man sich für seine Meinung interessiere und es eher schade sei, dass er sich nicht einbringe, reagiert er verwundert. Langsam erzählt er, dass er eigentlich denke, dass seine Meinung doch nicht zähle und nicht wichtig sei. Die Aufmerksamkeit, die er durch das Nachfragen von der Gruppe erhält, ist ihm schon fast unangenehm.

Geduldig und freundlich zeigen viele Interesse, versuchen ihn zu verstehen.

Hintergrund ist, dass er in einem Geschäftshaushalt aufgewachsen ist und es von klein auf kennt zu stören und sich überflüssig zu fühlen. Wenn er etwas wollte, wurde er oft überhört, keiner hatte Zeit für ihn, seine Eltern waren froh, wenn er sich selbst beschäftigte. Diese Erfahrungen prägen ihn unbewusst noch heute, vor allem im Zusammensein mit der Schulleitung, da er auf diese eine Elternrolle überträgt. Der Schulleiter wird in der Vaterrolle gesehen. Auf ihn wird projiziert, dass dieser sich nicht für den jungen Lehrer interessiert und er den wenigsten Ärger hat, wenn er sich unsichtbar macht.

Es ist hochspannend und oftmals auch berührend, die Momente zu erleben, wenn Menschen bewusst wird, dass und *wie* sich Kindheitserlebnisse oder frühere Erfahrungen auf ihr heutiges Verhalten auswirken. Sobald ihnen Verbindungen oder Auslöser bewusst werden, ihnen damit der Sinn ihres manchmal ja selbstschädigenden Verhaltens bewusst wird, schaffen sie Platz für Alternativen. Dann ist Veränderung möglich. Das setzt neue Kräfte frei.

> Werteauseinandersetzung ist ein fortwährender Prozess, der stark zur Professionalisierung Ihrer beruflichen Rolle und zur Reifung Ihrer Persönlichkeit beiträgt. Sie entwickeln dadurch ein Bewusstsein für Ihr eigenes Verhalten und dessen Wirkung und erhöhen Ihren Handlungsspielraum und Ihre Kompetenz als Lehrer/-in.

Eine Grundschullehrerin (43) wird stark von Eltern angegriffen. Die Kinder hätten häufig Angst vor ihr, da sie bei jedem Problem sofort in die Luft gehen und herumschreien würde. Sie könne nicht schlichten und kindgerecht mit den Schülern umgehen. Dadurch erlebe man sie als ungerecht und ohne Überblick.

Verunsichert und voller Selbstzweifel berichtet sie davon in der Supervision ihrem Kollegium.

Hintergrund dazu: Sie lebt in einer Ehe, in der Diskussionen nur schwer möglich sind. Widerspricht sie ihrem Mann, wird dieser sehr zornig und redet dann tagelang nicht mehr mit ihr. Dazu gibt er ihr immer die Schuld an den Beziehungsproblemen. Das macht sie seit Jahren mürbe. Sie kennt es aber nicht anders, da sie sich auch heute noch bei ihren Eltern eher anpasst, weil sie diese nicht kränken will. Langsam lernt sie, dass es nicht verletzend für ihr Gegenüber ist, nur weil sie es wagt, eine eigene Meinung zu haben.

Dafür möchte sie nicht mit Liebesentzug bestraft werden. Sie versteht, dass sie in ihrer Ehe Grenzüberschreitungen hingenommen hat und den angestauten Ärger häufig an den Schülern ablud, dort, wo er nicht hingehörte. Sie entspannte sich zusehends und konnte ihren Schülern mit ganz neuem Respekt begegnen. Zusätzlich begann sie sich für eine Paarberatung zu interessieren.

Frau S. (42) leidet sehr unter Spannungen mit Schülern und Eltern. Treten Missverständnisse oder Reibungspunkte auf, reagiert sie mit großer Erschöpfung. Sie verkriecht sich ins Bett, erlebt aber keine Erholung.

Läuft dagegen im Kontakt mit Schülern und Eltern alles gut, hat sie Energie und Tatendrang.

Hintergrund: Frau S. lebt nicht nur allein und hat keine Partnerschaft, sondern auch insgesamt ein sehr dürftiges Privatleben. Energie schöpft sie nur aus der Schule. Eine heikle Situation, da sie Schüler immer wieder in Nöte bringt, es ihr nur ja recht zu machen. Wenn nicht, gehe es ihr ganz schlecht.

Dazu macht sie extrem viel für die Eltern, immer mit dem Ziel, dass sie aufgrund ihres großen Einsatzes gemocht werden möchte. Sie macht sich abhängig, da sie Problemlosigkeit benötigt, um in ihrer Kraft zu bleiben, ein Wunsch, der im Schulalltag eher unrealistisch ist.

Sie gibt zu, dass 90 Prozent ihrer Lebenskraft in die Schule fließt und sie daneben wenig erfüllende Momente erlebt. Um sich diese zu verschaffen, manipuliert sie Schüler sogar (unbewusst) in ihrem Sinne, einfach um gemocht zu werden. Doch Kinder durchschauen dies nach einer Weile und wissen, dass sie punkten können, wenn sie bei Frau S. besonders lieb sind und sich sehr um sie bemühen.

> Verantwortlich ist man nicht nur für das, was man tut, sondern auch für das, was man *nicht* tut.
> *(Laotse)*

Kinder und Jugendliche dürfen nicht in diesem Sinne instrumentalisiert und psychisch missbraucht werden, nicht als Mittel für das eigene Wohlbefinden herhalten. Kollegen versuchten dies immer auszugleichen, konnten es aber nicht verhindern. Frau S. erkennt, dass sie nicht wirklich in ehrlichem Kontakt mit ihren Schülern sein konnte – aber es lernen will. Ein toller Schritt!

Es wurde sehr gewürdigt, dass sie dazulernen wollte. Denn sich ihr eigenes manipulatives Verhalten anzuschauen schmerzte sie sicher. Andererseits wurde ihr bewusst, dass es aufrichtigere Wege gibt, Zuneigung zu erhalten. Sie kannte nur – auch bedingt durch lebenslange negative Erfahrungen – keine anderen. Sie begann sich aktiv um ihr Privatleben zu kümmern, erzählte in jeder Sitzung voll Freude von neuen, noch ungewohnten Schritten und übte sich darin, Kindern (und auch sich selbst) mit Respekt und Neugierde zu begegnen – ohne Erwartungshaltung.

Übungen zur Werteerziehung

?! **Wert WERTSCHÄTZUNG**

- Sammeln Sie die Bemerkungen eines Schulalltags, die sie …
  … als abwertend,
  … als wertschätzend wahrgenommen haben.
  Tauschen Sie sich in Kleingruppen darüber aus.

- Wie viel Verständnis, Wertschätzung ist in Ihrem Kollegium? Wird offen miteinander geredet oder wie in manchen Kollegien vielfach übereinander?
  Diskutieren Sie darüber, wann Sie sich überhaupt nicht geschätzt und wann sie sich sehr geschätzt fühlen und was dies mit Ihnen macht. (Dann wird der Wert lebendig.)

Wert BILDUNG

- Diskutieren Sie in Kleingruppen, was Sie selbst mit dem Wert »Bildung« verbinden.
  Wie wurde er Ihnen in Ihrer Kindheit vermittelt?
  Wie vermitteln Sie selbst ihn Ihren Schülern?

Wie gerne bilden Sie sich selbst? Wie hoch ist Ihre innere Bereitschaft und Motivation?

– Wie kommt es, dass selbst manche Lehrer nicht gerne lesen? Wie begeistern Sie Kinder zum Lesen und dazu, Bildung als etwas Erstrebenswertes zu empfinden? Wie leben Sie es vor? Oder was behindert Sie?
  Diskutieren Sie darüber neugierig und – ganz wichtig – ohne Vorwürfe.

Werte VERTRAUEN – ANGST

Sicher stimmt jeder Lehrer zu, dass Schüler angstfrei den Schulalltag erleben sollten.

– Sammeln Sie Situationen, in denen Sie trotzdem Angst bei Schülern festgestellt haben. Konzentrieren Sie sich dabei auf angstauslösende Situationen im Kontakt zwischen Schülern und Lehrern. Was waren die Hintergründe? Was könnte Angst ausgelöst haben?

Helfen Sie sich gegenseitig, indem Sie Kollegen auch spiegeln, wie Sie sie wahrnehmen. Tauschen Sie Eindrücke von Selbst- und Fremdwahrnehmung aus. Teilen Sie sich Ihre Wahrnehmungen ohne Vorwurf mit, nur als kleine Bausteine zum gegenseitigen Lernen.

– Kinder sollten sich angstfrei in der Schule bewegen können. Gab es Momente, in denen Sie Angst in Ihrer Schulzeit hatten? Wodurch wurden sie ausgelöst?
– Fragen Sie sich in einer stillen Stunde einmal, ob sich Erlebtes aus Ihrer Kindheit in Ihrer Arbeit widerspiegelt? Woran erkennen Sie es? Sehen Sie Wege der Veränderung? ?!

> Ideale sind wie Sterne: Man kann sie nicht erreichen, aber man kann sich an ihnen orientieren.
> *(Carl Schurz)*

Rituale können Sie an Ihrer Schule einführen, üben und damit einen ersten Rahmen aufstellen. Regeln – d.h. Grenzen, Sanktionen und positive Verstärkungen – ebenfalls, sogar ohne große Prozesse der Selbstreflexion. Aber Werteauseinandersetzung bedeutet viel mehr und setzt den Austausch und die Selbstreflexion möglichst *aller* Lehrer in Gang.

Ein Appell – hauptsächlich an Schulleiter/-innen

- Würdigen Sie, dass viele Lehrer/-innen völliges Neuland betreten, sich wirklich auf neue Erfahrungen einlassen, wenn sie sich mit Selbstreflexion, Vorbildfunktion und dem Vorleben einer reflektierten pädagogischen Haltung beschäftigen. Lehrer sollen auf einmal etwas können, was von ihnen in ihrer Ausbildung fast nie verlangt wurde. Dazu werden ihnen an ihrer Schule während ihrer Berufsausübung kaum umfassende und regelmäßige Hilfen angeboten. Deshalb: Richten Sie in regelmäßigen Abständen Supervision, kollegiale Fallberatungen oder unterstützende Fortbildungen ein.
- Wenden Sie Ihren Blick auf die Gruppe derjenigen, die sich einlässt. Unterstützen Sie diese Gruppe in großem Maße. Geben Sie ihr viel Wertschätzung.
- Benennen, diskutieren und begründen Sie, welche pädagogischen Haltungen gewollt und welche nicht gewollt sind.
- Würdigen Sie kleinste Schritte.
- Zeigen Sie Verständnis für die Arbeitssituation der Lehrer/-innen Ihres Kollegiums, die meist keine Arbeitszimmer, keine Rückzugsmöglichkeiten und damit schlechtere Arbeitsbedingungen als Sie als Schulleiter/-in haben.
- Betonen Sie Stärken mehr als die Störfaktoren.
- Schenken Sie den Verweigerern keine große Aufmerksamkeit. Motivieren Sie sie erst einmal nur und erkennen – und loben – Sie jedes Fünkchen an neuer Bereitschaft.

- Nutzen Sie selbst Unterstützungsangebote.
- Achten Sie auf Ihre eigene Haltung – schulen Sie sich selbst.
- Blicken Sie immer wieder auf die Ressourcen – was läuft gut? Womit sind wir zufrieden? Was freut uns?

Die Werte werden wirklich lebendig, wenn Sie sich selbst damit auseinandersetzen und sie nicht nur einfordern. Das ist im größten Sinne auch Persönlichkeitsentwicklung. Und da sie in der schulischen Arbeit so immens wichtig ist, sind gestandene Persönlichkeiten gefragt. Lassen Sie sich motivieren und ermutigen, Ihre Potenziale auszuschöpfen und deshalb an sich zu arbeiten – es lohnt sich, auf allen Ebenen, privat und beruflich. Und das spüren wiederum Ihre Schüler!

Mit einer überzeugten Leitung ist es für eine Schule ein sehr fruchtbarer Weg, sich auf den Prozess der wertebewussten Schulentwicklung einzulassen. Wenn Schulleiter/-innen sich trauen, richtungsweisend zu sein und Schritt für Schritt dieses Prozesses erkennen und würdigen, wird die Bereitschaft in Kollegien wachsen, Neuland zu betreten.

Ein Schulleiter (49): »Es war für mich eine ganz neue Erfahrung, als ich mich massiv in ein Gespräch zwischen vier Lehrern eingemischt habe. Die standen zusammen und haben furchtbar über einen Jungen geschimpft, dass er nicht tragbar sei, von der Schule müsste, eine Zumutung sei und sie froh wären, wenn sie ihn bei der ersten Störung vor die Tür setzen könnten. Da war eine Entrüstung und ein Ärger in dieser Runde. Ich hab mich einfach ins Gespräch eingeklinkt und gesagt, dass ich verstehe, dass es in dieser Klasse bestimmt nicht einfach zu unterrichten ist. Und dass ich deshalb ganz besonders an alle appelliere, mit viel Ruhe in die Klasse zu gehen und den Jugendlichen anzunehmen. Regeln wären doch genug aufgestellt. Und Rauswerfen sei doch keine Dauerlösung.

Dazu habe ich sie aufgefordert, dieses Problem doch in der nächsten Dienstbesprechung vorzustellen. Ich würde es begrüßen, dass wir dort alle überlegen, wie wir mit solchen Situationen umgehen.

Ich dachte, das sei ein gutes Angebot, da es zeitnah möglich war. Bis zum nächsten Fortbildungstag wäre es zu lange gewesen. Ich mache in letzter Zeit in jeder Besprechung immer wieder deutlich, was ich möchte. Nicht über die anderen hinweg, das war früher. Aber ich möchte mich doch nicht bei Eltern schämen für das, was hier im Unterricht läuft. Ich möchte doch hinter den Lehrern hier stehen. So verstehe ich meine Leitungsaufgabe auch. Zurzeit stecken wir in der Planung für den Time-out-Raum. Der wird in einem Monat starten.«

Sofern Lehrer ihren erzieherischen Auftrag akzeptieren, ist der Prozess in eine gemeinsame pädagogische Haltung, verbunden mit einer Werteauseinandersetzung, von großem Gewinn für das Miteinander in einer Schule. Der Wunsch, Werte zu vermitteln, sie vorzuleben und sich mit Kindern und Jugendlichen ganz ernsthaft darüber auseinanderzusetzen, fördert Reifungsschritte und bringt tiefgehendere Resultate, als Kindern nur Verhaltensvorschriften zu machen.

Wollen wir ihnen beibringen, was richtig und falsch ist, wollen wir, dass sie ein Unrechtsbewusstsein entwickeln, dass sie sich einsetzen und anstrengen, müssen wir als erwachsene Menschen glaubhaft sein, an sie glauben, indem wir sie wertschätzen, motivieren, fördern und auch ganz klar und konsequent Regeln aufstellen und für deren Einhaltung sorgen. Damit erhalten sie eine Orientierung, zwei Leitplanken für ihren Lebensweg.

Beziehungsgestaltung, Beziehungen aufzubauen und zu pflegen, sie gut zu behandeln bringt Perspektive – auch zwischen Schulleitung und Kollegium. Beziehungsstörungen rauben Kraft. Je struktur- und haltloser die Jugendlichen sind, umso wichtiger ist die Beziehung. Und die muss ihnen einfach auch vorgelebt werden!

Nur mit Regeln erreicht man den Menschen nicht und bewirkt keine Persönlichkeitsentwicklung. Da sind Lehrer/-innen als *Person*, als *Mensch*, als reflektierte und gereifte *Persönlichkeit* gefragt, indem sie Werte vermitteln, sie vorleben oder sich zumindest an ihnen reiben und sie anstreben. Welch ein Gewinn für ein Kollegium, für die Schüler/-innen – und für sich selbst.

Zum Weiterlesen

Bauer, J. (2008): Lob der Schule. Hamburg: Hoffmann & Campe.

Birker, G./Birker, K. (2007): Teamentwicklung und Konfliktmanagement. Effizienzsteigerung durch Kooperation. Berlin: Cornelsen.

Dambach, K. E. (2005): Zivilcourage lernen in der Schule. München: Ernst Reinhardt.

Diekemper, E./Reimann-Höhn, U. (2000): Rituale geben Sicherheit. Freiburg: Herder.

Döring-Meijer, H. (Hrsg.) (2004): Systemaufstellungen. Paderborn: Junfermann.

Hanke, O. (2005): Erziehen: Handlungsrezepte für den Schulalltag in der Sekundarstufe. Die Kraft der Klasse fördern. 5. Auflage. Berlin: Cornelsen.

Hummel, C./Fotini, P. (2004): Erziehen: Handlungsrezepte für den Schulalltag in der Sekundarstufe. Keine Toleranz bei Gewalt. 5. Auflage. Wuppertal: Cornelsen.

Hurrelmann, K./Rixius, N./Schirp, H. (1999): Gewalt in der Schule. Weinheim: Beltz.

Hurrelmann, K./Bründel, H. (2007): Gewalt an Schulen. Pädagogische Antworten auf eine soziale Krise. Weinheim: Beltz.

Kasper, H. (2006): Streber, Petzer, Sündenböcke. Wege aus dem täglichen Elend des Schülermobbings. 5. Auflage. Lichtenau: AOL.

Kaufmann-Huber, G. (2001): Kinder brauchen Rituale. Freiburg: Herder.

Kindler, W. (2002): Gegen Mobbing und Gewalt. Seelze-Velber: Kallmeyersche Verlagsbuchhandlung.

Miller, R. (2007): Selbstcoaching für Schulleiterinnen und Schulleiter. 2. Auflage. Weinheim: Beltz.

Olweus, D. (2008): Gewalt in der Schule. Was Lehrer und Eltern wissen sollten – und tun können. 4. Auflage. Bern: Huber.

Philipp, E./Rademacher, H. (2002): Konfliktmanagement im Kollegium. Weinheim: Beltz.

Philipp, E. (2000): Teamentwicklung in der Schule. 3. Auflage. Weinheim: Beltz.

Riegel, E. (2004): Schule kann gelingen. Wie unsere Kinder wirklich fürs Leben lernen. Frankfurt: Fischer.

Veith, P. (2005): Gewaltfrei lernen im Klassenzimmer. Donauwörth: Auer.

Voß, R. (Hrsg.) (2005): LernLust und EigenSinn. Systemisch-konstruktivistische Lernwelten. Heidelberg: Carl-Auer.

Welter-Enderlin, R./Hildenbrand, B. (Hrsg.) (2002): Rituale. Heidelberg: Carl-Auer.

5 Kooperation mit Eltern – was schafft Vertrauen und Beziehung?

Richard L. (55) wird auf einem Elternabend sehr angegriffen. Eltern werfen ihm vor, viel zu schlechte Noten zu geben und die Arbeiten schlecht vorzubereiten. Die Schüler dürften im Unterricht kaum nachfragen und hätten Angst vor ihm. Er reagiert kühl: »Dieser Vorwurf an mich ist uralt. Damit kommen auch Sie hier nicht weiter. Ich bewerte, wie ich es für richtig halte. Ihre Kinder machen einfach nichts. Dann haben sie keine besseren Noten verdient.«

Eine Mutter: »Seit mein Sohn bei Ihnen Mathe hat, steht er auf einer Fünf. Vorher hatte er immer eine Zwei. – Sie sind noch sehr jung. Vielleicht haben Sie noch nicht genug Berufserfahrung.«

Der junge Lehrer fühlt sich angegriffen, beginnt sich zu verteidigen: »Ihr Sohn tut viel zu wenig. Würde er seine Hausaufgaben machen und im Unterricht mal aufpassen, wären seine Arbeiten auch besser. Das hat nichts mit *meinem* Alter zu tun.«

Die Mutter hat Zweifel. »Das sagen Sie so. Vielleicht müssten Sie anders auftreten, damit er besser aufpasst.«

»Also, die anderen passen ja auf. Und ob er Hausaufgaben macht oder nicht, kann *ich* nicht bewirken.«

»Das sehe ich anders.« [...]

Und schon ist der Kampf eröffnet! Die Pulsschläge bei Mutter und Lehrer werden in die Höhe gehen. Beim Wechsel zwischen Angriff und Verteidigung werden Kräfte ge- und verbraucht, die trotz aller Anspannung und Mühe nicht immer zu einem erfolgreichen Gesprächsende führen. Oft bleiben Erschöpfung und Unzufriedenheit auf beiden Seiten zurück.

Dabei ist der Wunsch, sich zu verstehen, doch so groß!

Gespräche mit Eltern und die Gestaltung von Elternabenden sind ein selbstverständlicher und wichtiger Bestandteil des Schulalltages. Sie gehören vom ersten Arbeitstag mit dazu, werden häufig geführt und trotzdem – auch nach Jahren der Berufserfahrung – oft als schwierig und anstrengend beschrieben. Sie sind manchmal sogar von Angst und Bauchschmerzen begleitet und stellen für Lehrer/-innen eine nicht nachlassende Herausforderung dar, sie gut und erfolgreich zu bewältigen.

Es hat den Anschein, als ob Anhaltspunkte für das Gelingen dieser Gespräche fehlen. Natürlich gibt es ausgezeichnete Leitfäden und Vorlagen für Gesprächsverläufe mit Zielvereinbarungen. Es ist aber gerade die zwischenmenschliche Ebene, die bei der Eltern-Lehrer-Beziehung von großer Bedeutung ist.

Damit Lehrer einen positiveren Einfluss auf die Gesprächssituation nehmen können, mehr entspannenden Gestaltungsspielraum bekommen, ist es hilfreich, die Ursachen des weitverbreiteten Misstrauens zwischen Eltern und Lehrern zu kennen und zu verstehen:

- Auch Eltern waren einmal Schüler und bringen ihre eigenen *Schulerinnerungen* in die heutige Schule ihres Kindes mit. Auch sie wurden beurteilt, bewertet, blieben sitzen, hatten Erfolgserlebnisse oder Versagensängste. Das hinterlässt Spuren. Geht ihr Kind auf dieselbe Schule, die sie als Kind besucht haben, sind diese Erinnerungen noch massiver. Manchmal sitzen Eltern sogar einem Lehrer gegenüber, den sie selbst noch als Schüler erlebt haben. Da fällt es schwer, sich weiterhin erwachsen und selbstbewusst zu fühlen.
- Die Ausgangslage für Kontakte ist nicht wirklich gleichwertig. Lehrer haben ihren Arbeitsplatz frei gewählt und führen Tätigkeiten aus, die zu ihrer Arbeit gehören. Eltern können sich die Schule für ihr Kind in Grenzen aussuchen, je nach regionaler Schulsituation aber ggf. auch nicht. Letztendlich sind sie sogar gezwungen, sich für irgendeine Schule zu entscheiden, bedingt durch die Schulpflicht. Der Kontakt zur Schule muss sein, ob sie wollen oder nicht. Sie begeben sich in eine *Abhängigkeitssitu-*

ation von der Schule und erhoffen natürlich das Beste für ihr Kind.

Erleben sie, dass ihr Kind unglücklich ist, dies in ihren Augen mit der Schule zusammenhängt, bewirkt dies eine Verstärkung des Abhängigkeitsgefühls. Sie können ja nicht für ihr Kind in die Schule gehen, müssen es den Handlungswegen einer Schule »ausliefern«. Permanente Schulwechsel schaden einem Kind, es unglücklich auf einer Schule zu wissen, setzt Eltern aber auch unter Druck und erhöht die Ohnmachtsgefühle gegenüber der Schule.

- Werden Gespräche vereinbart, finden diese nicht an einem *neutralen Ort* statt, zu dem sich sowohl Lehrer als auch Eltern hinbegeben müssen. Lehrer sind im Vorteil, da sie den Raum bestimmen, Eltern sich zu 100 Prozent auf sie zubewegen müssen. Gemeinsame Treffen bei einem Kind zu Hause sind höchst selten. Dies schwächt eher die Elternseite, da sie unvertrautes und manchmal sogar mit alten Ängsten behaftetes Terrain betreten müssen. Im schlimmsten Fall werden sie sogar einbestellt.

So passiert es, dass es einerseits freie und offene Eltern gibt, die sich vertrauensvoll auf eine Schule einlassen, andererseits aber sehr misstrauische und vorsichtige Eltern, die vom ersten Schultag an in Sprunghaltung ihr Kind vor der Schule verteidigen und schützen wollen.

Wertet man gerade diese Eltern ab, weil sie doch eigentlich keinen Grund haben, der heutigen Schule von vornherein mit Misstrauen zu begegnen, verstärkt man aber eher nur die Abwehr. Die Eltern schützen sich und schützen ihr Kind. Das bewirkt wiederum Probleme im Unterricht, wenn Kinder schulische Regeln oder Grenzen von Lehrern einfach nicht akzeptieren wollen, da sie von zu Hause signalisiert bekommen: »Lass dir nichts gefallen.« – »Die Lehrer kennen dich sowieso nicht.« – »Dein Klassenlehrer ist viel zu unerfahren.« – »Ich fand Schule früher auch furchtbar und hatte schlimme Lehrer.«

Hinzu kommt, dass sogar auch Gespräche mit den Eltern, die der Schule offen begegnen, schwierige Verläufe nehmen und mit der Zeit spannungsgeladen werden können. Lehrer sind manchmal persönlich getroffen und sehr enttäuscht, wenn sie feststellen, dass Elterngespräche, die anfangs positiv waren, sich mit der Zeit verschärften.

Denn diese emotionsgeladene und nicht immer als gleichberechtigt empfundene Ausgangslage produziert Empfindlichkeiten und Verhaltensweisen, die ein Gespräch sehr erschweren oder sogar unmöglich machen, wenn Lehrer dieses Wissen nicht in die Gesprächsgestaltung integrieren.

> Wie geht man als Lehrer mit dieser Ausgangssituation um?
> Genauso wie im Lehrer-Schüler-Kontakt die Akzeptanz der Ausgangslage Voraussetzung für wirklichen Kontakt ist, ist dies auch die Voraussetzung für die Schaffung von guten Begegnungen zwischen Lehrern und Eltern.

Unbewusst rutschen viele Lehrer in Rollen hinein, die einem Vertrauensaufbau eher im Wege stehen. Sie wollen gute Gespräche führen, glauben dies zu tun, aber bekommen keinen wirklichen Kontakt von Mensch zu Mensch und spüren, dass die Gespräche ohne Wirkung bleiben.

Haltungen von Eltern	**Haltungen von Lehrern**
»Ich weiß nicht mehr, was ich machen soll. Sagen Sie mir, wie ich noch an meine Tochter rankomme.« HILFLOS 	»Sie müssen konsequenter sein, ihr viel mehr Grenzen setzen, den Tag strukturieren, feste Hausaufgabenzeiten einrichten …« DER ÜBERLEGENE RATGEBER 

Haltungen von Eltern	Haltungen von Lehrern
»Sie sind schuld, dass mein Kind gemobbt wird. Sie kriegen nichts mit.«	»Ihr Kind wird nicht gemobbt. Ihr Sohn ist derjenige, der andere immer verprügelt. Sie nehmen ihn nur in Schutz.«
»Sie sind schuld. Sie sehen meinen Sohn falsch.«	»Nein, Sie sind schuld. Sie sehen ihn falsch.«
KÄMPFER	**KÄMPFER**
»Sie benoten völlig falsch. Ich bin selbst Lehrer und zeige Ihnen mal die richtigen Bewertungsschemata.«	»Nein, das stimmt nicht. Ich habe klare Bewertungskriterien und erkläre die auch immer den Schülern.«
DER ÜBERLEGENE ANGREIFER	**DER VERTEIDIGER**

Sicher gibt es noch mehr Rollen und unterschiedliche Konstellationen, die aufeinandertreffen (können).

Realität bei Eltern und Lehrern

Viele Eltern haben Angst vor schulischen Anrufen. Oder vor Elternabenden, da sie dort wieder hören könnten, dass die ganze Klasse unter dem schlechten Benehmen ihres ADS-Kindes leidet.

Lehrer sind angespannt, da sie an Elternabenden nicht wissen, ob sie auf aggressive Eltern treffen werden, ob sie persönlichen Angriffen ausgesetzt und in ihrer Arbeit infrage gestellt werden. Es ist nicht unbedingt normal und selbstverständlich, auch kritisiert zu werden. Ist es aber eine gleichwertige Ausgangslage, wenn nur der Lehrer Kritik üben darf?

Fehlt Vertrauen, werten sich beide Seiten schneller gegenseitig ab, schieben sich die Schuld zu, üben Kritik auf verletzende Weise und verbleiben in chronischer Anspannung.

Hinter dem vordergründig und direkt gezeigten Verhalten laufen dazu noch viele innere Gedanken ab, die im Gespräch nicht so schnell gezeigt werden.

Nico (11) tut sich sehr schwer mit dem Wechsel von der Grundschule auf das Gymnasium. Der Lehrer beschreibt ihn der alleinerziehenden Mutter als aggressiv, unkonzentriert und verweigernd. Die Noten würden immer schlechter.	
Mutter: »Ich habe doch alles getan, was ich konnte. Es muss an der neuen Schulsituation liegen. An mir liegt es nicht. Ich mache doch schon so viel mit ihm. Sie müssen etwas ändern.« **Mögliche Gedanken dahinter:** Wie soll mein Kind das nur schaffen? Habe ich etwas falsch gemacht? Was haben wir versäumt? Habe ich als Mutter versagt? Ich bin schuld. Ich weiß nicht weiter. Mir ist das zu viel. Ich kann nicht mehr.	Lehrer: »Ich habe alles getan, was ich konnte. Es wird nicht besser. Sie müssen sich mehr Zeit für ihn nehmen.« **Mögliche Gedanken dahinter:** Ich weiß doch auch nicht weiter. Mir fällt nicht mehr ein, was ich machen könnte. Ich fühle mich auch nicht gut damit. Vielleicht mache ich ja auch einiges falsch und erreiche dadurch den Jungen nicht. Mir ist das auch zu viel.
Diese sehr menschlichen und doch auch sehr berührenden Gedanken werden selten laut ausgesprochen. Dabei würde gerade der Kontakt auf dieser Ebene mit dazu beitragen, dass Vertrauen entsteht und beide Seiten sich auf den gemeinsamen Weg begeben, zu überlegen, was dem Kind helfen könnte. Ohne Schnellschusslösungen und schnelle Ratschläge. Was wäre so schlimm, wenn ein Lehrer im Gespräch feststellen würde: »Ich habe den Eindruck, dass wir uns beide eigentlich viele Gedanken gemacht haben und jetzt trotzdem erst einmal nicht weiterwissen. Ich sehe doch, wie viel Sorgen Sie sich machen und es ist mir doch auch wichtig, dass es Ihrem Sohn in der Schule besser geht. Was halten Sie davon, wenn wir uns nächste Woche wiedertreffen und bis dahin einfach mal überlegen, welche Schritte sinnvoll sind? Ob wir Hilfe von außen brauchen, ob uns etwas ganz Neues einfällt oder oder … Vielleicht schaue ich auch zu sehr auf das, was nicht klappt. Ich würde gerne mal darüber schlafen. Ich bin mir ganz sicher, dass es einen Weg gibt.« Die Mutter, sich verstanden und dadurch zuversichtlich fühlend, könnte zustimmen: »Ja, das ist gut. Vielleicht habe ich meinem Sohn auch viel Druck gemacht, dass alles klappen muss. Ich denke auch mal drüber nach und rede mit ihm.«	

In den meisten Fällen leiten Lehrer die Gesprächssituationen und haben dadurch Freiraum und Einfluss auf die Gestaltung.

Es kann ein sehr entlastender Schritt sein, nicht mit Eltern darum zu ringen, wer besser weiß, was dem Kind fehlt. Je höher der Redeanteil eines Lehrers im Gespräch, je angestrengter er versucht, Eltern klarzumachen, was für ihr Kind ratsam ist, umso weniger Kontakt entsteht. Eltern fühlen sich dann klein, bevormundet, ordnen sich dem Lehrer/der Lehrerin ggf. unter oder gehen in den Widerspruch und Widerstand. Lehrer sind erschöpft, da sie sich wirklich angestrengt und bemüht haben, aber häufig umsonst.

»Johannas Mutter ist sowieso total überfordert. Die kriegt nichts mit von dem, was ihre Tochter treibt. Gespräche mit ihr bringen nichts. Da passiert eh nie etwas. Wie oft hab ich ihr schon gesagt, dass sie sich mehr kümmern muss.«
Kommentar eines Lehrers

Da wird ein Mensch bewertet und für nicht gut genug befunden. Versetzen Sie sich in die Rolle der Mutter. Wie ginge es Ihnen, wenn man so von Ihnen denkt?

> Lehrer sind mitverantwortlich, nicht alleine verantwortlich. Eltern werden entmündigt, bezieht man sie nicht ernsthaft und auf sie bauend in Gespräche ein.

Was stehen Lehrer anstrengende Situationen durch, wenn sie überwiegend Eltern in Gesprächen sagen »wo es langgeht«. Zum einen treffen sie schnell auf kampfbereite Gesprächspartner, zum anderen laden sie sich damit die Verantwortung für die Lösung von Problemen auf, statt Vorgehensweisen gemeinsam mit den Eltern und dem betroffenen Schüler zu entwickeln. Oft ergibt sich gerade dadurch eine unerwartete Perspektive oder Veränderung, wenn die krampfhaft festgehaltene Verantwortung ein Stück losgelassen wird.

Eltern dürfen nicht entmündigt oder kleingemacht werden. Lehrer wollen dies eigentlich auch nicht, übernehmen nur immer wieder die allwissende Ratgeberrolle, weil sie es gewohnt sind, in eine unangreifbare Rolle zu schlüpfen. Sie beladen sich dadurch sehr, greifen in die Erziehungsverantwortung der Eltern ein, wissen, was richtig ist, machen sich dadurch aber selbst unerreichbar, da sie sich über den anderen »erheben«. Das verhindert Kontakt und aufrichtige Begegnung. Und ganz paradox: Sie hoffen so sehr, gerade dadurch Kontakt zu bekommen und positive Veränderung zu bewirken.

Anruf vom Klassenlehrer bei Familie Schneider, deren Tochter häufig fehlt.	
Lehrer: »Hallo, Herr Schneider, haben Sie gerade einen Moment Zeit?« Herr Schneider *(freundlich):* »Ja.« L.: »Ich wollte Sie fragen, ob Sie und Ihre Frau Zeit haben, damit wir uns mal zusammensetzen können. Ich mache mir nämlich Sorgen um Ihre Tochter. Sie klagt oft über Kopfschmerzen in der Schule und ist in den letzten zwei Wochen jeden Tag früher nach Hause gegangen. Ich habe versucht, mit ihr selbst zu reden, aber ich bin nicht weitergekommen.« *(freundlich, ruhig)* Herr Sch.: »Ja, das kennen wir auch. Zurzeit ist es schwer, mit ihr zu reden. Ich wusste auch gar nichts von den Kopfschmerzen.« *(völlig kooperativ)* L.: »Was wäre für Sie denn sinnvoll? Wollen Sie zu Hause erst mal mit Ihrer Tochter reden oder sollen wir uns alle in der Schule treffen? Oder haben Sie noch eine andere Idee?« *(freundlich, offen, besteht nicht auf Treffen)* Herr Sch.: »Ich würde sagen, wir reden erst mal hier zu Hause und ich rufe Sie dann an, ob wir weitergekommen sind oder nicht.« *(auch entspannt, besorgt)* L.: »O.K., das freut mich. Dann warte ich auf Ihren Anruf.«	L.: »Hallo, Herr Schneider, Ihre Tochter macht dauernd blau und lügt uns an, dass ihr schlecht ist. Das kann so nicht weitergehen. Wir müssen unbedingt miteinander reden. Am besten morgen.« *(aufgeregt, verärgert, ohne Distanz)* Herr Sch.: »Also hören Sie mal. Unsere Tochter macht nicht blau. Was sind das denn für Unterstellungen?« *(wird ärgerlich)* L.: »Na ja, die Kopfschmerzen nehme ich ihr nicht ab. Die kriegt sie immer vor Klassenarbeiten. Anscheinend kriegen Sie nicht mit, dass sie dann einfach geht. Hoffentlich entschuldigen Sie sie nicht auch noch dafür.« *(latenter Vorwurf)* Herr Sch.: »Das werden wir sehen. Wenn es ihr nicht gut geht, dann ist das so. Wir reden mit ihr.« *(fühlt sich sehr angegriffen, beginnt Tochter in Schutz zu nehmen)* L.: »Können Sie morgen um 11 Uhr? Der Schulleiter wird auch dabei sein.« *(fordernd)* Herr Sch.: »Warum das denn? Na gut, wir kommen.« *(verärgert, angegriffen, erschöpft)*
wertschätzend, ressourcenorientiert	**abwertend**

Malen Sie sich aus, wie jeweils die nächsten Gespräche ablaufen werden. Für die erhofften Veränderungsschritte dieses Mädchens sind nicht allein nur die Lehrer zuständig.

Egal, wie sicher, unsicher oder überfordert man manche Eltern erleben mag, es ist ratsam, ihnen immer ihren Teil der Erziehungsverantwortung zu lassen, ob sie ihn wahrnehmen oder nicht. Entlastet man sie, beginnt man die Last der Verantwortung auf die eigenen Schultern zu nehmen, »weil die Eltern ja sowieso keine Grenzen setzen«, schwächt man die Eltern noch mehr und schadet auch sich selbst. Dieses überzogene Verantwortungsgefühl stellt ein Gefälle zwischen Lehrer und Eltern her, verhindert sogar ernsthaften Kontakt und löst dazu bei den Eltern keine erwachsene Einsicht in die Notwendigkeit von eigenem Handeln aus.

Wenn man an Grenzen stößt

Auch wenn die ganzen eigenen Bemühungen nicht zum Erfolg führen, alle Hilfsmaßnahmen ausgeschöpft sind, muss dies kein eigenes Scheitern bedeuten. Es ist sehr traurig, wenn man erkennt, dass es immer wieder Jugendliche gibt, an die man mit allen zur Verfügung stehenden professionellen Wegen nicht herankommt. Zumindest nicht in dem Maße, dass sie sich weiter für die Schule entscheiden.

Fehlt eine Schülerin weiterhin, greifen alle schulischen Bemühungen nicht. Dann ist dies sicher traurig, aber es ist leider so. Immer wieder sind Lehrer dann sehr betroffen, fühlen sich hilflos und ohnmächtig, kämpfen mit den Eltern oder schimpfen auf diese. Sie spüren den Mangel, die Defizite, was alles versäumt wurde, was vielleicht doch noch alles probiert werden könnte. Vielleicht ist der Weg dieses Kindes erst einmal anders, als alle Lehrer sich das vorstellen. Es gibt noch ein Leben jenseits von Schulabschlüssen oder Umwege zu diesen. Dies wünscht man natürlich niemandem, aber man kann auch nicht ignorieren, dass es passiert. Hält man an Vorstellungen fest, die aber nicht immer der Realität entsprechen, hat man keinen Kontakt zu dem, was ist.

Machen Sie sich in solchen Situation bewusst, was Sie alles getan haben, wie viel Sie »geleistet« haben. Lassen Sie sich Rückmeldung geben zur Wahl Ihrer Schritte und zur Qualität Ihrer Vorgehensweise. Grundsätzlich ist Austausch über die geeignete Vorgehensweise immer hilfreich. Wird Ihnen klar, dass trotz guter Schritte und Angebote keine positive Veränderung sichtbar wird, ein Schüler den Schulabschluss trotzdem nicht erreichen wird, dann ist es der richtige Zeitpunkt, anzuerkennen, dass Sie auch an einer Grenze ankommen dürfen.

Laden Sie sich nicht die Verantwortung für den Lebensweg eines Kindes auf den eigenen Rücken. Sie sind verantwortlich für Ihren eigenen Lebensweg. Und dazu gehört es, eigene Grenzen zu erkennen. Das darf sein. Lehrer müssen nicht grenzenlos sein. Natürlich kann es einen Jugendlichen enorm tragen, spürt er, wie sehr ein Lehrer ihn stärken und ihm zum Schulerfolg verhelfen möchte. Letztendlich muss aber auch der Schüler die Entscheidung treffen, diese Hilfe anzunehmen.

Gespräche von Mensch zu Mensch

Gerade weil der Zusammenarbeit von Lehrern und Eltern eine große Bedeutung zukommt, ist es wichtig, dass Lehrer Eltern als Gesprächspartnern auf Augenhöhe begegnen und sich dafür auch aktiv einsetzen. Sie als gleichberechtigte Gegenüber ansehen, für deren Meinung sie sich interessieren und mit denen sie sich darüber austauschen wollen, wie unterschiedlich oder wie ähnlich sie die positiven und unterstützungsbedürftigen Seiten eines Kindes erleben.

Entsteht Kontakt auf dieser Ebene, bauen beide Seiten das bestmögliche Netz zum Wohle des Kindes. Eine bessere Ausgangsbasis kann es nicht bekommen. Ob es diesen Rückhalt dann nutzt, kann nicht garantiert werden. Aber ist dieser Rückhalt nicht da, ist der schulische Weg für ein Kind ungleich schwerer.

Es geht nicht darum, Eltern zu sagen »wo es langgeht« oder sich von Eltern alles bieten zu lassen. Das wäre nur ein Machtkampf, bei dem es um Gewinnen und Verlieren ginge. Für beide Seiten ist es wichtig, Wertschätzung und respektvollen Umgang miteinander verstärkt zu lernen, da man nur gemeinsam den Problemen, die die jeweiligen Kinder zeigen, begegnen kann. Und es gibt Kindern Orientierung und Sicherheit, wenn sie merken, dass Eltern und Lehrer konstruktiv an einem Strang ziehen.

Die überlegte Zusammenarbeit mit Eltern ist bedeutsam für das Wohl und den Schulerfolg der Kinder und Jugendlichen. M. Rutter hat in seinem Buch *15.000 Stunden* englische Schüler und deren Schulerfolg über 13 Jahre begleitet, mit dem Ergebnis: Übernehmen Eltern, Lehrer und Schüler in der Schule gemeinsam Verantwortung für Probleme, die in der Schule bestehen, verbessern sich sowohl die Leistungen als auch das Verhalten der Schüler. Dies gelte unabhängig davon, ob das Einzugsgebiet einer Schule problematisch sei oder nicht (Hessisches Kultusministerium/Landeselternbeirat von Hessen (Hrsg.), 2007. Gemeinsam erziehen. Amt für Lehrerbildung, S. 36).

Fragen zum Nachdenken

?! Beantworten Sie in aller Ruhe und nach und nach – mit kleiner »Denkpause« zwischen den einzelnen Antworten – die folgenden Fragen.

- Führen Sie gerne Gespräche mit Eltern?
- Wie laden Sie zu Gesprächen ein (freundlich, fordernd, sachlich ...)?
- Wie werden Termine vereinbart?
- Sprechen Sie Termine ab oder bestellen Sie Eltern ein?
- Welche Rahmenbedingungen schaffen Sie für die Gesprächssituation? Nehmen Sie sich Zeit für eine atmosphärische Ge-

staltung? (z. B. ruhiger Gesprächsort, freundliche Begrüßung, Getränke, Zeit für Begrüßungsrituale)
- Ist es Ihnen wichtig, dass die Eltern sich wohl fühlen?
- Führen Sie Gespräche oft in großer Eile?
- Interessieren Sie sich für die Meinungen der Eltern?
- Wie zeigen Sie ihnen, dass Sie sie schätzen?
- Wie zeigen Sie den Eltern, dass Sie deren Kind schätzen, egal welche schulischen Noten/Leistungen es erbringt?
- Wie zeigen Sie Ihr Interesse?
- Neigen Sie zu Monologen, weil es Eltern so viel mitzuteilen gibt?
- Benennen Sie zu Beginn des Gespräches auch die Stärken des Kindes? Nehmen Sie sich dafür Zeit?
- Oder erzählen Sie vorwiegend direkt, was alles schiefläuft und wo Sie Handlungsbedarf sehen?
- Nehmen Sie sich selbst in der Gesprächssituation wahr? Ist Ihnen bewusst, wie Sie atmen (hektisch, ruhig und tief, flach, nur im Brustraum, bis tief in den Bauch und ins Becken)?
- Wie gestresst sind Sie in Gesprächen?
- Können Sie Ihr inneres Tempo erkennen? Erleben Sie sich eher im ersten Gang (ganz ruhig) oder oft im fünften Gang bei Höchstgeschwindigkeit, oder stehen Sie mit Vollgas und angezogener Handbremse hochgeladen auf der Stelle?
- Spielt diese Form der Selbstwahrnehmung eine wichtige/unwichtige Rolle für Sie? ?!

Ausstieg aus der Ratgeberrolle

?! **Wahrnehmungsübung zur Einstimmung**

- Was löst es in Ihnen aus, wenn Sie auf Eltern treffen, die Ihnen bildungsmäßig völlig unterlegen sind, vielleicht keinen Schulabschluss haben und keine fehlerfreie Entschuldigung für ihr Kind schreiben können?

– Können Sie sie trotzdem positiv sehen und sie als Mensch schätzen?
– Werten Sie sie ab und stellen sich damit über sie?
– Reagieren Sie manchmal überheblich gegenüber Eltern? **?!**

Im Gespräch mit Eltern werden Kompetenzen notwendig, die leicht und selbstverständlich abgerufen werden sollten. Es kostet viel Energie, Gespräche ohne wirklichen Kontakt zu führen und nur die Ratgeberrolle auszufüllen. Dabei geht es nicht nur um eine Gesprächsstruktur, sondern vor allem um eine Gesprächskultur. Auch hier sind die Werte Respekt, Wertschätzung, Akzeptanz, Freundlichkeit, konstruktive Kritikfähigkeit von Bedeutung für den Erfolg und die Nachhaltigkeit von Absprachen.

Unterschiede im Blick auf Eltern	
Kontakt von Mensch zu Mensch	**als überlegener Ratgeber**
Ich gehe davon aus, dass die Eltern ihr Bestes geben, auch wenn deren Bestes nicht immer das ist, was ich mir darunter vorstelle. Ich werte sie nicht als Menschen ab, akzeptiere sie und zeige ihnen das auch. Ich behandle sie höflich, freundlich und wertschätzend. Wenn sie mir erzählen, dass ihr Sohn nur in der Schule aggressiv ist und zu Hause nicht, rede ich ihnen ihre Meinung nicht aus. Meine Wahrnehmung ist dadurch nicht falsch, nur anders als die der Eltern. Ich versuche ihre Sichtweise zu verstehen und bemühe mich, ihnen meine Sichtweise zu erklären oder zu beschreiben.	Ich fasse es manchmal gar nicht, wie unmöglich sich Eltern verhalten. Was sie alles falsch machen. Wie kommt es, dass sie es nicht hinkriegen, feste Hausaufgabenzeiten festzulegen oder ihr Kind besser zu erziehen? Ich kann Eltern eigentlich ganz schnell sagen, was sie anders machen müssen.

Unterschiede im Blick auf Eltern	
Kontakt von Mensch zu Mensch	**als überlegener Ratgeber**
Ich achte gut auf mich selbst in diesen Gesprächen. Fühle ich mich kritisiert, prüfe ich, ob ich meine Position überdenken sollte. Es passt mir zwar nicht unbedingt, aber mir ist klar, dass es auch Dinge gibt, die ich nicht sehe oder nicht weiß. Deshalb kann ich mich auch entschuldigen, meine Meinung verändern, ohne gleich zu denken, dass das ein Gesichtsverlust ist. Ich lerne eher dazu. Das gehört für mich zu Gesprächen dazu. Ich mache meine Wertschätzung nicht davon abhängig, ob Eltern gebildet oder ungebildet sind. Ich achte sie als Menschen, die auch ihren Lebensweg bewältigen müssen, vielleicht ganz anders als ich. Wenn ich sehe, dass Schüler vernachlässigt und wirklich schlimm behandelt werden, teile ich den Eltern meine Gefühle mit. Auch, dass ich ihr Verhalten schwierig finde und ich gerne mit ihnen gemeinsam Hilfen überlegen möchte. Aber ich werte auch sie nicht ab. Ich hoffe immer, dass sie sich auf Hilfe einlassen. Fällt es mir schwer, sie als Mensch anzunehmen, sie zu respektieren, weil ich ihr Verhalten gegenüber ihrem Kind völlig ablehne, gestehe ich mir dies ein, bemühe mich aber trotzdem um sie, soweit es mir möglich ist. Verhalten sich Eltern mir gegenüber grenzüberschreitend, versuche ich die Atmosphäre zu deeskalieren. Gehen sie nicht darauf ein, bleiben sie aggressiv und verletzend mir gegenüber, teile ich ihnen mit, wie ich sie erlebe, wie es mir damit geht, und beende auch Gespräche. Ich respektiere mich selbst und erwarte dies auch von meinem Gesprächspartner.	Wenn sie mir erzählen, dass ich etwas falsch sehe, höre ich das oft gar nicht. Sie erzählen mir dann, wie toll ihr Kind zu Hause ist und dass es dort nicht lügt oder aggressiv sei. Da machen die sich doch selbst etwas vor. Ich glaube ihnen kein Wort und sage ihnen das auch. Natürlich weiß ich, dass das Kind auch zu Hause lügt. Mir ist es am liebsten, in Elterngesprächen schnell zu sagen, was die Eltern machen sollen. Ich will mir gar nicht so lange anhören, wie sie die Sache sehen. Das kostet mich so viel Zeit, die ich nicht habe. Sie sollen sich mal an das halten, was ich ihnen sage, dann wäre schon viel passiert. Aber die Eltern von heute kümmern sich ja entweder viel zu wenig oder viel zu viel.
Wahrnehmung, wenig Bewertung	**viel Bewertung**

Auf einem Elternabend einer fünften Klasse fällt eine Mutter durch ihre aggressive Stimmung auf. Sie nimmt jedes Thema zum Anlass, die Klassenlehrerin anzugreifen. Die Hausaufgaben würden falsch mitgeteilt, es gäbe viel zu viele Hausaufgaben, ihre Tochter könnte im Unterricht nicht gut mitmachen, da die Mitschüler viel zu laut seien, die Klassenlehrerin könne nicht für Ruhe sorgen … die Klassenlehrerin nimmt die Beschwerden einige Zeit hin, verteidigt sich, erklärt, besänftigt, aber ohne Erfolg. Sie spürt zusätzlich, dass die Stimmung unter den Eltern durch diese streitbare Mutter immer gereizter wird.

Sie versucht, mit etwas Abstand auf die Situation zu schauen, in der sie sich selbst gerade befindet und sieht auf einmal die roten Hektikflecken auf dem Hals der Mutter und deren verkrampfte Haltung hinter den Angriffen.

Die Klassenlehrerin spricht die Mutter mit Ruhe an: »Frau Weber, nur eine Vermutung, aber ich habe das Gefühl, Sie haben ganz viel Druck und Angst, ob Ihre Tochter es nur ja hier auf der Schule schafft. Dass sie unbedingt auf der Realschule klarkommen soll. Kann das sein?«

Frau Weber entspannt sich etwas: »Ja … ja, das kann schon sein. Wir wollen, dass alles von Anfang an klappt. Wir hatten an der Grundschule schon so viele Probleme.«

»Dann verstehe ich Ihre Fragen und Ihre Angst. Ich kann Ihnen nur sagen, dass die Kinder von uns Zeit bekommen, sich an die Schule zu gewöhnen, und dass in nächster Zeit doch noch gar nichts entschieden wird. Die Kinder sind ja erst seit ein paar Monaten hier auf der Schule. Wie kann ich Sie denn beruhigen, damit Sie sich nicht so viele Sorgen machen?«

Der Ärger der Mutter, hinter der sich ihre Angst verbarg, verpufft langsam. »Na ja, ich fänd es schon gut, wenn ich rechtzeitig erfahren würde, wenn es Probleme gibt.«

»Da möchte ich Sie beruhigen. Das ist uns auch wichtig. Sie können mich anrufen, oder ich melde mich bei Ihnen. Wir können aber auch nachher einen Termin vereinbaren …«

Die Mutter kam am Ende des Elternabends noch einmal auf die Klassenlehrerin zu und bat freundlich darum, einen Termin zu vereinbaren. Klassenlehrerin und Mutter trafen sich alle vier Wochen, bis die Mutter Vertrauen gefasst hatte. Gleichzeitig verminderte sie den Druck auf ihre Tochter, sodass diese weniger Blackouts gerade in Klassenarbeiten hatte.

Zum Umgang mit Eltern

- Üben Sie Ihren Blick auf die Stärken eines Kindes. Ein Kind ist viel mehr als seine gezeigten problematischen Verhaltensweisen. Betonen Sie die Stärken, vermeiden Sie eine defizitorientierte Haltung. Üben Sie Ihren *ressourcenorientierten Blick*. Teilen Sie Positives mit!
- Integrieren Sie Eltern, nehmen Sie sie als *Gesprächspartner* ernst und fordern und würdigen Sie sie auch ernsthaft als Gesprächspartner.
- *Glauben Sie an die Eltern.* Werten Sie sie keinesfalls ab. Sonst tragen Sie selbst zu deren Schwächung bei. Und die Schule benötigt dringend Eltern, die kooperieren und Kraft für ihre Kinder haben.
- *Beobachten Sie Ihr Kommunikationsverhalten.*
- Steigen Sie aus *Machtkämpfen* aus. Beobachten Sie sich mit Neugier, wie Sie auf Kritik reagieren. Nehmen Sie Kritik nicht automatisch persönlich.
- Beobachten Sie *spannungsgeladene Situationen.* Manchmal wird man wirklich in unhöflichster Weise angegriffen. Versuchen Sie zu unterscheiden, ob Eltern Sie als Person angreifen oder den Ausdruck ihrer eigenen Angst vor dem Schulversagen ihres Kindes überziehen. Reagieren Sie auf aggressive Eltern, die eigentlich voller Angst und Sorge sind, mit mehr Gelassenheit. Die Aggressionen haben nichts mit Ihnen zu tun und werden verschwinden, wenn Sie gelassen, ruhig und wertschätzend bleiben. Vermeiden Sie Machtkämpfe. Nehmen Sie die Angst hinter den Aggressionen wahr. Eltern macht es viel Angst, wenn sie befürchten, ihr Kind erhält nicht den angestrebten Abschluss oder evtl. sogar gar keinen.

- Reagieren Sie mit *Gelassenheit* auf Kritik und fragen Sie sich in einer stillen Stunde, ob Eltern mit mancher Kritik nicht auch Recht haben. Wäre das so schlimm? Viele Eltern würden mit Erleichterung auf Ihr Einlenken, Ihren Kompromissvorschlag oder auch auf Ihre Entschuldigung reagieren, da sie dadurch den Eindruck gewinnen, dass sie ernst genommen werden mit dem, was sie äußern. Und auch Lehrer dürfen Fehler machen, die ihnen nicht übel genommen werden, wenn sie sie einsehen. Lassen Sie Kritik an sich heran. Nutzen Sie sie als Chance dazuzulernen. Diskutieren Sie Vorwürfe mit reflektierten Kollegen. Und sehen Sie diese Auseinandersetzungen mit Eltern als Chance dazuzulernen.
- **Achten Sie gut auf sich**, wenn Sie spüren, dass Aggressionen gegen Sie persönlich gerichtet sind. Wenn Sie als Mensch angegriffen oder sogar bedroht werden. Entscheiden Sie, ob Sie ein Gespräch auf diesem Level bereit sind zu führen. Lässt es sich nicht deeskalieren, können Sie keine Beruhigung in das Gespräch bringen, beenden Sie es! Ertragen Sie es nicht!
- Zeigen Sie viel **Fingerspitzengefühl** mit Eltern. Sonst schwächt die Schule die Eltern noch zusätzlich. Statt Abwertung mancher überforderter oder sich ausklinkender Eltern bringt auch dort nur der Weg der Akzeptanz mögliche Kooperationsbereitschaft. Selbst wenn diese nicht entsteht, Eltern der Schule am liebsten die Erziehungsverantwortung abtreten möchten, sollte sich Schule hüten, diese Eltern abzuwerten. Grenzen zu setzen bei unverschämtem Verhalten ist wichtig und respektaufbauend. Die Eltern abzuwerten führt nur zur Verweigerung und Kontaktvermeidung, was letztendlich den betroffenen Kindern nur noch zusätzlichen Schaden zufügt.

Wegweiser

- Gerade Gespräche mit Eltern lassen sich hervorragend im Rahmen von Fortbildungen üben.
  Nutzen Sie gute Angebote oder konsultieren Sie entsprechende Fachliteratur (s. u.), die natürlich Dinge wie das unmittelbare Üben in Rollenspielen und Ähnliches nicht ersetzen kann.

Zum Weiterlesen

Hennig, C./Ehinger, W. (2006): Das Elterngespräch in der Schule. Von der Konfrontation zur Kooperation. 3. Auflage. Donauwörth: Auer.

Hessisches Kultusministerium/Landeselternbeirat von Hessen (Hrsg.) (2007): Gemeinsam erziehen. Amt für Lehrerbildung, 34233 Fuldatal, Rothwestener Str. 2–14.

Rutter, M. (1989): Fünfzehntausend Stunden. Weinheim: Beltz.

Spiess, W. (Hrsg.) (2000): Die Logik des Gelingens. Lösungs- und entwicklungsorientierte Beratung im Kontext von Pädagogik. 2. Auflage. Dortmund: borgmann publishing.

www.bundeselternrat.de.

www.partners-in-education.de.

www.verantwortung.de.

---

6 Ausblick: Wegweiser in die eigene Kraft und Kompetenz

Zwischen Ertragen und Mitgestalten

Der »Dschungel«, in dem Lehrer/-innen sich bewegen, ist dicht und unübersichtlich. Vielleicht aber auch farbenfroh und abwechslungsreich und voller intensiver Erlebnisse. Manches schreckt ab, anderes zieht an. Auf die Fülle der schulischen Erlebniswelt übertragen bedeutet es, sich neugierig bewusst zu machen, wie die Gewichtsverteilung aussieht zwischen …

- einerseits dem *Gefühl des Ertragens* von erst einmal unveränderbaren Gegebenheiten und
- andererseits dem *gezielten aktiven Mitgestalten* von persönlichen und schulischen Haltungen und Prozessen.

Abb. 7: Individuell verschieden: Die ausgewogene Balance zwischen Aushalten und Ändern(-wollen)

Denn es hat spürbare Auswirkungen auf die eigene Person, je mehr jeder Einzelne die Verantwortung für sich übernimmt, immer mit dem Ziel, die eigene Zufriedenheit und berufliche Kompetenz zu erhöhen. Das Gefühl des Ertragens und Ausgeliefertseins vermindert sich direkt, hört man auf, sich als Opfer seiner Arbeitsbedingungen und seines gewählten Berufes zu erleben. Überprüfen Sie Ihre eigene Haltung zu Ihrem Beruf. Nur dort kann zeitnah Veränderung entstehen, im System Schule nicht.

Verlassen Sie sich nicht darauf, dass Schulbehörden und Bildungspolitik schnell durch mehr Geld oder zeitgemäßere Strukturhilfen für Sie sorgen. Das System Schule gleicht leider einem schwerfälligen Tanker, der nur langsam die Richtung ändern kann oder will.

Umso wichtiger ist es, dass Sie sich bewusst machen, dass *Sie* die Verantwortung für Ihren Lebensweg in Ihren eigenen Händen halten. Machen Sie Gebrauch davon! Je geschulter Lehrer/-innen sind – d.h., je mehr Handwerkszeug ihnen zur Verfügung steht –, umso kreativere Lösungen lassen sich finden im Umgang mit den schwierigsten Problemen.

Deshalb gilt es zusätzlich, gegenseitig die Lust auf Erweiterung des eigenen Horizontes zu wecken und zu erkennen, dass Dazulernen, also die Entwicklung neuer Kompetenzen, die Arbeit erleichtern wird, weil sich Grenzen verschieben. Man erlebt sich viel eher und langfristiger als ideenreich und kompetent, statt schnell an der Grenze zur Hilflosigkeit erschöpft zusammenzusacken.

Gerade weil der »Dschungel« des Arbeitsalltags für den Einzelnen häufig unübersichtlich und überfordernd wird, lohnt sich Zusammenarbeit ganz besonders. Wie hilfreich kann es sein, Probleme im Klassenteam, im Kollegium oder unter Hinzuziehung weiterer Fachleute zu besprechen.

Lehrer sind nicht *schlecht*, wenn sie zugeben, dass sie bei bestimmten Problemen nicht allein weiterwissen.

Scheuen Sie sich nicht, sich auszutauschen. Immer wieder versuchen gerade »Einzelkämpfer« viel zu lange, Probleme und Konflikte nicht nach außen dringen zu lassen.

»Einzelkämpfer« wollen ihre Probleme allein lösen, was die Konfliktherde oft emotional noch weiter auflädt. Denn Hilflosigkeit und Überforderung setzen schnell Aggressionen und Ängsten frei.

Welch eine Belastung, die für andere nicht sichtbar wird – und damit auch nicht mitgetragen werden kann. Bleibt die alleinige Lösungssuche erfolglos, ist die Situation darüber hinaus meist noch weiter eskaliert, wenn die Problematik irgendwann doch durchbricht, z. B. weil eine lange gemobbte Schülerin jetzt nur noch die Schule verlassen will, am liebsten sofort. In einem solchen Moment sind bestimmte Alternativen meist bereits versäumt worden, sodass nun wirklich nur noch ein »harter Schnitt« möglich ist.

Um bei dem Beispiel zu bleiben: Der nun sichtbar werdende Arbeitsaufwand, dieser Schülerin an der Schule noch eine Perspektive aufzeigen zu können, ist in solchen Situationen dann enorm, aber die Erfolgsaussichten eher gering, weil sich alles schon sehr festgefahren hat. Zu viele Enttäuschungen haben sich mittlerweile auf der Seite der Schülerin angehäuft, die eine Kehrtwende und Platz für neue Hoffnung erschweren oder sogar unmöglich erscheinen lassen.

Deshalb ist es ein bedeutsamer Schritt, wenn Lehrer/-innen erkennen, dass es *keine* persönliche Schwäche und *kein* persönliches Versagen bedeutet, wenn sie an Grenzen angekommen sind und um Unterstützung bitten. Legen Schulleiter oder Kollegien ein Ersuchen um Hilfe grundsätzlich als Mangel aus, ist der betroffene Lehrer oder die betroffene Lehrerin nicht gut aufgehoben an dieser Schule und sollte über einen Wechsel nachdenken.

Aber: An diesem Punkt – Umgang mit Problemen und schulischen Überforderungssituationen – geraten Schulleiter/-innen häufig in einen Konflikt. Einerseits wollen sie Eltern vermitteln, dass sie Vertrauen haben können, weil die Schule ihres Kindes den heutigen Problemen auf den verschiedensten Wegen (die mittlerweile häufig in Schulprogrammen aufgelistet werden) adäquat begegnen kann. Dadurch laufen Schulleiter/-innen aber Gefahr, Probleme zu überspielen oder sie als geringer darzustellen, als sie von der Schulgemeinschaft tatsächlich erlebt werden.

Andererseits haben die Schulleiter/-innen auch eine Fürsorgepflicht gegenüber dem Kollegium. Und diesem wäre oft geholfen, wenn Überforderungssituationen, gravierende Not und Hilfebedarf (sei es in Form von Geld für Fortbildungen, mehr Lehrer, bessere Ausstattung oder einfach die Auswirkungen vom chronischen Zeitmangel im schulischen Rahmen …) den Schulbehörden gegenüber deutlichst und offensiv mitgeteilt würden. Hier fühlen sich Kollegien schnell abgewertet und alleingelassen in ihrer Realität und mit ihrem Hilfebedarf.

Helfersysteme

Innerschulische Helfersysteme müssen selbstverständlich sein, das Hinzuziehen außerschulischer Helfer sollte dringend normal und finanzierbar werden, gerade weil die Probleme in dem der Realität hinterherhinkenden Schulsystem groß sind. Es gibt zum Glück immer wieder mutige Schulleiter/-innen, die gegen den bürokratischen und auch manchmal von Schüler- und Lehrerrealität weit entfernten behördlichen Überbau eigene Impulse setzen, um den heutigen Anforderungen besser gerecht zu werden.

Helfersysteme: Klassenteams, unterstützende Schulleiter/-innen, Schulpsychologischer Dienst, Beratungsstellen, Schulsozialarbeiter, Ärzte, Therapeuten, Kinder-/Jugendpsychiatrie, Jugendamt, Polizei, örtliche Jugendzentren, Schulelternbeirat, Schülervertreter, Supervision, fest eingerichtete Krisenteams an Schulen, …

Scheuen Sie sich also nicht, Konflikte grundsätzlich schnell im Team zu besprechen – oder auch unter Hinzuziehung von Helfern von außen. Wie unterstützend kann die Erfahrung sein, sich mit qualifizierten und/oder erfahrenen Menschen zu umgeben, die zur Lösungsfindung beitragen und bereit sind, die Last der Verantwortung mitzutragen. Gerade die vielleicht unterschiedlichen Sichtweisen aller Beteiligten können neue Wege aufzeigen, auf die ein Einzelner nicht gekommen wäre.

Öffnen Sie sich für die Meinungen von anderen, auch wenn Sie damit ab und zu zugeben müssten, dass Ihnen ggf. Wissen fehlt. Dann wird es Ihnen von anderen, die in der Hinsicht »weiter« sind als Sie, vermittelt. Was ist daran schlimm? Dazulernen zu können ist kein Makel, sondern eine bereichernde Erfahrung. Suchen Sie den Kontakt zu kompetenten Menschen, statt ihn zu meiden.

Das gilt auch für Schulleitungen. Machen Sie sich lieber ein evtl. vorhandenes Unzulänglichkeitsgefühl bewusst und stärken Sie Ihr Selbstwertgefühl. Professionelle reflektierte Teamarbeit bringt Entlastung, mehr Gelassenheit und Freude an viel gemeinsamer Kompetenz. Alle können voneinander und miteinander lernen.

Selbstfürsorge und Psychohygiene

Auch tut es gut, darauf zu achten, wie die persönliche Ausgewogenheit zwischen Belastung und Entlastung ist. Mit bestimmten Problemen oder menschlichen Unzulänglichkeiten kann man leben und diese ggf. sogar mit Humor nehmen (→ »Aufschieberitis«, Papierberge im Arbeitszimmer, Raumnot in Schulen, ...).

Fehlen bestimmte Dinge aber dauerhaft (→ Zeitinseln der Besinnung und Selbstreflexion, Wertschätzung, Kommunikationswissen) oder sind im Mangel, kann sich eine schleichende Erschöpfung aufbauen, die u.a. im Burn-out münden kann.

Ein wichtiger Erkenntnisschritt kann sich ergeben, betrachtet man – von einer Meta-Ebene – die vorgelebten Haltungen an der eigenen Schule. Auf diesem Weg ist direkt zu erkennen, ob die Schule neue zeitgemäße pädagogische Konzepte vertritt oder zumindest anstrebt oder noch völlig in alten Denkmustern verhaftet ist, z.B. nur mit Druck und Auslese auf unerwünschtes Schülerverhalten reagiert. Statt an einer solchen Schule in der Erschöpfung und in Kämpfen zu verharren, könnte ein Wechsel der Schule neue Perspektiven öffnen.

Die eigene Person, gestärkt durch eine bewusste Psychohygiene, ist gerade in einem Kontaktberuf ein unschätzbares Kapital. Dazu gehört auch die Selbstfürsorge für eine möglichst gesunde Balance zwischen Arbeit und Privatleben. Wird Lehrern diese Verantwortung stärker bewusst, beginnt oft im beruflichen wie im privaten ein Veränderungsprozess, der sich darin zeigt, dass die ertragende Opferhaltung langsam schwindet und das berufliche Arbeitsfeld bewusster und autonomer gestaltet wird.

> Ihre Vision wird nur dann klar, wenn Sie in Ihr Herz blicken können. Wer nach außen blickt, träumt; wer nach innen blickt, erwacht.
> *(C.G. Jung)*

»Was habe ich der Schule immer die Schuld gegeben an meiner schlechten Verfassung. Sicher war es dort auch immer sehr schwierig, aber eigentlich war mein Privatleben in den letzten Jahren auch ziemlich dürftig. Ich habe fast nichts mehr für mich getan und mich nur bei Wein und viel zu viel Essen zu entspannen versucht. Wirklich erholt habe ich mich dadurch nicht. Ich wurde immer müder.«
Tom G., Lehrer, 47

Schule ist nicht an allem schuld. Mit dem Erlernen von Selbstfürsorge und dem Erweitern der Selbst*wahrnehmung* hin zu mehr Achtsamkeit im Umgang mit sich selbst und anderen bewirken Menschen einschneidende Richtungswechsel. Wird ein Ungleichgewicht oder ein tiefer Mangel festgestellt, kann dies sicher nicht auf Knopfdruck verändert werden.

Aber es wird ein wichtiger Prozess angestoßen, der unwillkürlich Veränderungen mit sich bringt. Gesteht sich z.B. ein Lehrer ein, dass er neben seiner Arbeit eigentlich nichts hat, was ihn erfüllt und stärkt, dann erkennt er ziemlich schnell, dass er dadurch immer wieder in die Gefahr kommt, die Schüler zu instrumentalisieren, um Kraft für das eigene Leben zu gewinnen. Hat er einmal diese Einsicht gewonnen, ist die Bereitschaft, neue Schritte zu gehen, gewachsen.

Das sind sicher krisengeprägte Lebensphasen, die begleitet werden von den verschiedensten Krisensymptomen, die aber als Chance zu gewinnbringenden Veränderungen genutzt werden können.

Krise als Chance?

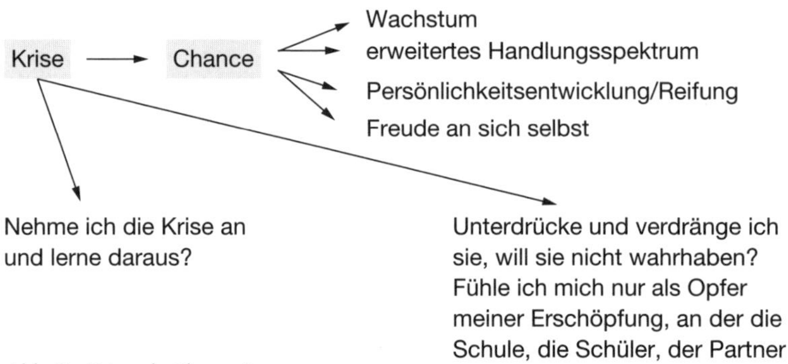

Abb. 8: Krise als Chance?

> Krisen zeigen den Weg – auch die Krisensymptome im Schulsystem.

Übung zu den eigenen Ressourcen

?! Nehmen Sie sich eine (ganze) Stunde Zeit, in der Sie sich, ohne gestört zu werden, in Ruhe mit folgenden Gedanken und Bildern beschäftigen. Schließen Sie die Augen, versuchen Sie, ruhig und tief zu atmen.

- Machen Sie sich nun die Kraftquellen in Ihrem Leben bewusst: Was gibt Ihnen Energie, lässt Sie aufleben, Freude und Dankbarkeit fühlen?

Lassen Sie sich Zeit, darüber nachzudenken. Nehmen Sie Ihre Ressourcen wahr, die lebenswichtig sind für jeden Menschen. Vor Ihrem inneren Auge werden Hobbys, vielleicht Menschen, bestimmte Erlebnisse und Erfahrungen erscheinen, die in Ihnen das Gefühl bestärken, dadurch immer wieder Kraft zu erleben. Kraft, die Sie trägt, um den Belastungen des Alltags begegnen zu können.

Falls Ihnen nichts oder fast nichts einfällt: Erinnern Sie sich, was Ihnen als Kind und dann später, z. B. im Alter von 20 Jahren, viel Freude bereitet hat.

- Was davon ist noch in Ihrem heutigen Leben vorhanden oder was davon würden Sie eigentlich gerne wieder aktivieren?
- Fällt Ihnen auch dazu nicht viel ein, machen Sie sich bewusst, was Sie beim Lesen von Büchern berührt, welche Szenen in Filmen Ihnen nahegehen oder Freude bereiten.
- Nehmen Sie sich anschließend Zeit und schreiben (oder malen) Sie Ihre gefundenen Ressourcen auf.

Freuen Sie sich an der Fülle – oder erkennen Sie, falls Ihnen fast nichts eingefallen ist, dass Sie bedürftig und vielleicht aktuell sehr krisenbelastet sind.

> Manchmal muss man die Augen schließen, um klarer zu sehen.
> *(Arabische Weisheit)*

Nehmen Sie dies mit viel Wertschätzung für sich selbst zur Kenntnis und begeben Sie sich auf die Entdeckungsreise, Ressourcen in Ihrem Leben zu aktivieren und diesen auch einen Platz in Ihrem Leben einzuräumen (→ Freundschaften zu anderen Menschen, ein gutes Gespräch, Sporttreiben, handwerklich oder künstlerisch aktiv werden, …). ?!

Eine gesunde Lebensbalance, die mittlerweile vielzitierte sog. »Work-Life-Balance«, kann entstehen, wenn die Fülle der beruflichen Fähigkeiten und Anforderungen eingebettet ist in ein kraftgebendes privates Leben. Beide Seiten wirken sich aufeinander aus und greifen ineinander.

Der Boden, auf dem jeder Mensch für sich erst einmal alleine stehen muss, wird gefestigt durch die persönlichen Ressourcen, die aber, hoffentlich, nicht ausschließlich in der eigenen Arbeit zu finden sind. Dabei handelt es sich um wichtige Kraftquellen, die Sinnstiftung, Lebensfreude, Spaß und Visionen in sich bündeln.

Schulische Facetten von Professionalität

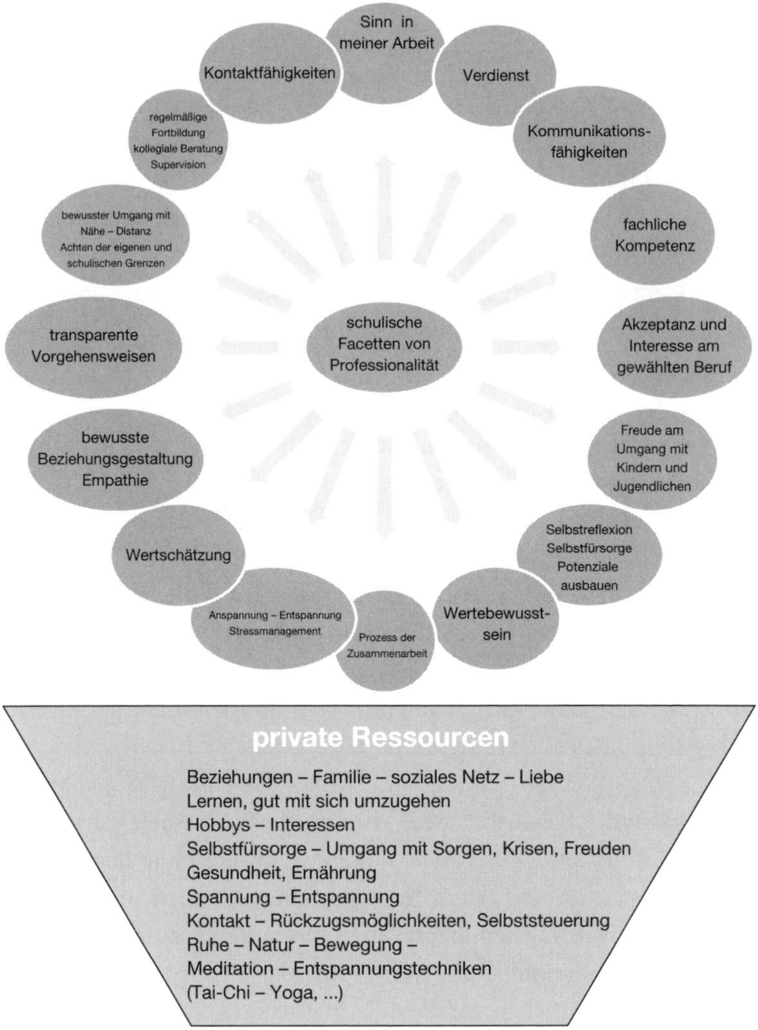

Abb. 8: Schulische Facetten von Professionalität und private Ressourcen

»Wenn wir wollen, dass unsere Kinder und Jugendlichen in der Schule für das Leben lernen, dann muss eines in der Schule stimmen: die emotionale Atmosphäre beim Lernen.« (Spitzer, M. 2006: Medizin für die Schule. Plädoyer für eine evidenzbasierte Pädagogik, S. 29)

Viele Lehrer/-innen erzählen voller Begeisterung, wie erfüllend sie gerade dann ihre Arbeit erleben, wenn sie selbst und immer größer werdende Anteile in Kollegien sich ihrer Vorbildfunktion bewusst sind und sie wirklich versuchen, den Schüler/-innen Orientierung anzubieten. Sie beschreiben es als bereichernd, wenn mehr und mehr Wertschätzung, Achtung und damit auch zunehmendes Wissen um Beziehungsgestaltung in die tägliche Arbeit einfließen, als Vorbedingung für die Entwicklung von Lernbereitschaft.

Und trotzdem sind diese täglichen Anforderungen nicht immer gut zu bewältigen, da die schulischen Rahmenbedingungen es oftmals erschweren, die angestrebten Werte gut vorleben zu können.

Neben all der Potenzialentwicklung bei Lehrern, der unbestrittenen Notwendigkeit, ihre Kompetenzen auszubauen, um ihren Beruf überhaupt professionell und wirksam ausüben zu können, sollte vonseiten der Bildungspolitik erkannt werden, dass diese ihren Anteil am Ist-Zustand der Schulprobleme hat, und sich ihrer Verantwortung bewusst werden. Werden die Beschwerden und Auswirkungen von Ausbildungsmängeln und z.B. fehlender Supervision nicht ernst genommen, dann wird auch auf dieser Ebene abwertend und wenig wertschätzend mit Lehrern umgegangen.

Dabei wird es Zeit, sowohl im Interesse der Bildung und Zukunftsperspektiven der Kinder und Jugendlichen als auch im Interesse der gesundheitlichen Realität von Lehrern, dass wirklich erkannt wird, wie sich die Arbeitsanforderungen verdichtet haben, und dass Lehrer neben zwingend notwendigem Eigeninteresse an Weiterentwicklung auch grundlegende Unterstützung durch zeitgemäße Rahmenbedingungen benötigen.

Fragen zu Ihrer Lehrerpersönlichkeit

?! Nehmen Sie sich etwas Zeit und beantworten Sie in aller Ruhe die folgenden Fragen. Achten Sie darauf, dass Sie sie nicht einfach schematisch »abarbeiten«, sondern lassen Sie sich bei jeder einzelnen Frage Zeit zum Nach- und Weiterdenken.

- Warum haben Sie den Lehrberuf ergriffen?
- War der Lehrberuf für Sie die »erste Wahl«?
- Welche Erinnerungen haben Sie an Ihre eigene Schulzeit?
- Gibt es Lehrer/innen, die Sie geprägt haben? Wodurch?
- Welche Ansprüche bzgl. Ihres Berufes haben Sie an sich selbst?
- Was gefällt Ihnen an Ihrem Beruf?
- Was sind Momente der Freude?
- Wie gehen Sie mit Erschöpfung um oder dem Gefühl der Überforderung?
- Wann empfinden Sie Erfolg?
- Was erleben Sie als Schattenseiten Ihres Berufes?
- Was machen Sie, wenn Sie an Grenzen stoßen im Umgang mit einer Situation?
- Was raten Sie jungen Menschen, die überlegen, ob sie den Lehrerberuf ergreifen wollen?

- Wie erleben Sie Lehrer aus Elternsicht, sofern Sie eigene Kinder haben?
- Wie gut kennen Sie die Lebensverhältnisse Ihrer Schüler? Interessieren Sie sich dafür?
- Was treibt Sie an in Ihrer Arbeit?
- Hätten Sie bei sich selbst gerne Unterricht?
- Wie gehen Sie mit eigenen Fehlern um?
- Wodurch sind Sie in Ihrer Persönlichkeit gereift und gewachsen?
- Wie gehen Sie mit Krisen um?
- An welchen beruflichen und privaten Krisen/Herausforderungen sind Sie gewachsen?
- Wie möchten Sie von Ihren Schülern wahrgenommen werden? ?!

Wenn Schüler und Lehrer sich mit ihrer Schule und ihrer Schulgemeinschaft identifizieren können, gerne dort sind, entsteht eine starke, leistungsfähige Gemeinschaft. Dazu gehört, dass Kollegien sowie Eltern und Lehrer vertrauensvoll zusammenarbeiten, an einem Strang ziehen, um den Kindern und Jugendlichen Orientierung und beste Bedingungen zu bieten für ihre Erziehung und Entwicklung.

»Wir träumten von einer Schule, an der Schüler und Lehrer möglichst jeden Tag aufs Neue die Erfahrung machen könnten: Es ist gut, dass ich hier bin. Was ich tue, ist sinnvoll und befriedigt mich, auch und gerade dann, wenn es anstrengend oder schwierig ist. Ich kann stolz sein auf das, was ich zusammen mit anderen geschafft habe« (Riegel, E. 2004: Schule kann gelingen, S. 8).

Dafür braucht es starke, empathische Frauen und Männer in Schulen, die »schwieriges« Schülerverhalten nicht sofort persönlich nehmen, sondern es auch als Ausdruck der allgegenwärtigen Grenzenlosigkeit und Erziehungsunsicherheit sehen.

Lehrer/-innen haben im jetzigen Schulsystem nur eine Chance, wenn sie an einem Strang ziehen und bereit sind zu lernen, wie das geht. Schule muss als Ganzes Lösungswege finden im Umgang mit Problemen. Nur dann ist sie wirklich wirksam.

Und das heißt auch: Finden Sie Ihren persönlichen Unterrichtsstil auf dem Hintergrund breit gefächerter Kompetenz. Fachkompetenz alleine bringt keinen Erfolg. Bauen Sie Ihre Professionalität aus im Sinne von lebenslangem Lernen als einen Wert, der jede Persönlichkeit bereichert. Und dafür Unterstützung anzunehmen gilt heutzutage als Stärke.

Entdecken Sie Ihre Fähigkeiten, entwickeln Sie sie weiter, um sich kompetenter, gesünder und souveräner zu fühlen. Die nächste Herausforderung kommt bestimmt ☺!

Anregungen für Ihren Schulalltag

Lassen Sie sich am Schluss dieses Buches einfach nur inspirieren von der Fülle der folgenden Bausteine. Machen Sie sich bewusst, welche von ihnen bereits ganz selbstverständlich zu Ihrem Leben gehören.

X
- Kraftquellen/Ressourcen bewusst machen und integrieren

X
- Haltung: *Ich lerne gerne* – lebenslanges Lernen ist gut. Arbeiten im steten Veränderungsprozess. Veränderungen als normal anerkennen.
- Wissen über die Lebenswelt der heutigen Kinder – und Einfühlungsvermögen
- Wahrnehmung von Beziehungsgestaltung
- Konstruktive, direkte, offene Kommunikation lernen
- Zeitmanagement (→ Dürfen Eltern um 22 Uhr anrufen? Konferenzen ohne Zeitplanung? …)

- Selbststeuerung, Stressmanagement – weiß ich, wie ich bei Stress herunterfahren kann? – Entspannungstraining, Atmung, Meditation, innere Haltung (→ Druckerhöhung durch Selbstzweifel oder mehr Gelassenheit durch innere Ermutigung und energieerhaltende Methoden zur Selbstberuhigung)
- Suche nach Verbündeten – Schulleitung unterstützt die konstruktiven Lehrer/-innen
- Teamentwicklung – Kollegium als wichtige Ressource
- Wertschätzung: *Ich werde gesehen*, soziale Unterstützung
- Eigene Grenzen kennenlernen und vertreten, mehr Autonomie statt Abhängigkeit
- Mutig alte Muster erkennen – Auswirkungen früherer Beziehungserfahrungen
- Einzelkämpfer oder Team?
- *Nehme ich Beratung/Hilfe an?* – auch als Stärkung der konstruktiven Teile eines Kollegiums gegen Saboteure
- Regelmäßige Fortbildungen, Beratungen, Supervision, Coaching, begleitende Fachliteratur
- Gesunder Ehrgeiz – Fehler dürfen sein statt Druck durch Perfektionismus
- Fachkompetenz – selten ein Problem
- Eltern als Partner sehen auf Augenhöhe
- Sinn – *Mag ich meine Arbeit?*
- Krisen zeigen den Weg – Krisen als Chancen nutzen
- Wissen um Nähe und Distanz
- Handlungsspielraum nutzen – *Wo kann ich etwas ausbauen, was ich mag?*
- Bewusstsein für wertschätzenden Umgang untereinander
- Das heißt für alle: Hilfe annehmen = Stärke – die heutigen Probleme sind einfach zu groß
- Auf Work-Life-Balance achten; Arbeit ist nicht alles – und wenn sie es doch ist, darauf achten, dass man die Schüler nicht instrumentalisiert
- Ruhezonen einrichten und wahrnehmen

- Bei chronischen Problemen und Unzufriedenheit:
  Gesundung durch Berufswechsel? – Sicherheit macht auch unbeweglich;
  unzureichende Eignung erkennen
- Kompetente Leitung – Leitungsprobleme erkennen und angehen
- Destruktivität begrenzen (von Machtspielen, Saboteuren) – ist Aufgabe von Schulleitung
- Vertrauen schaffen, da Vertrauen auch viel mehr Kreativität und Leistungsfähigkeit freisetzt.
- Gefühl bekommen für Überengagement und Aufopferung (»die hilflosen Helfer«)
- Bei Überforderung fast aller – Leitungsfürsorge, Steuerungsteam gefragt:
  Ursachenforschung – zu viele Projekte? Zu viel Veränderung in zu kurzer Zeit? Genug Wertschätzung und Unterstützung?
- … [und vieles mehr]

Literatur

Asgodom, S. (2006): Leben macht die Arbeit süß. Wie Sie Ihr persönliches Work-Life-Konzept entwickeln. 2. Auflage. Berlin: Ullstein.

Bauer, J. (2008): Lob der Schule. Hamburg: Hoffmann & Campe.

Bergmann, W. (2007): Disziplin ohne Angst. Wie wir den Respekt unserer Kinder gewinnen und ihr Vertrauen nicht verlieren. Weinheim/Basel: Beltz.

Bergmann, W. (2006): Das Drama des modernen Kindes. Weinheim/Basel: Beltz.

Birker, G./Birker, K. (2007): Teamentwicklung und Konfliktmanagement. Effizienzsteigerung durch Kooperation. Berlin: Cornelsen.

Brumlik, M. (Hrsg.) (2007): Vom Missbrauch der Disziplin. Antworten der Wissenschaft auf Bernhard Bueb. 3. Auflage. Weinheim/Basel: Beltz.

Burow, O./Gudjons, H. (Hrsg.) (1998): Gestaltpädagogik in der Schule. 2. Auflage. Hamburg: Bergmann & Helbig.

Buzan, T. (2005): Change Now. Heidelberg: mvgVerlag/Redline.

Caspary, R. (Hrsg.) (2006): Lernen und Gehirn. Der Weg zu einer neuen Pädagogik. Freiburg: Herder.

Chu, V. (2007): Die Kunst, erwachsen zu werden. Wie wir uns von den Fesseln der Kindheit lösen. 4. Auflage. München: Kösel.

Csikszentmihalyi, M. (2006): Flow – der Weg zum Glück. Freiburg: Herder.

Dambach, K.E. (2005): Zivilcourage lernen in der Schule. München: Ernst Reinhardt.

Diekemper, E./Reimann-Höhn, U. (2000): Rituale geben Sicherheit. Freiburg: Herder.

Dennison, G. (2006): Gestaltpädagogik in Aktion. Wuppertal: Peter Hammer Verlag.

de Roeck, B.-P. (2004): Gras unter meinen Füßen. 17. Auflage. Hamburg: Rowohlt.

Döring-Meijer, H. (Hrsg.) (2004): Systemaufstellungen. Paderborn: Junfermann.

Eichhorn, C. (2001): Souverän durch Self-Coaching. Ein Wegweiser nicht nur für Führungskräfte. Göttingen: Vandenhoeck & Ruprecht.

Guggenbühl, A. (2006): Kleine Machos in der Krise. Wie Eltern und Lehrer Jungen besser verstehen. Freiburg: Herder.

Hagemann, W. (2003): Burn-Out bei Lehrern. München: Beck.

Halbritter, M. (2010): Auf dem Weg zur ›guten Schule‹. Schule gemeinsam entwickeln. Weinheim/Basel: Beltz.

Hanke, O. (2005): Erziehen: Handlungsrezepte für den Schulalltag in der Sekundarstufe. Die Kraft der Klasse fördern. 5. Auflage. Berlin: Cornelsen.

Hell, D. (2004): Welchen Sinn macht Depression? 10. Auflage. Reinbek bei Hamburg: Rowohlt.
Hennig, C./Ehinger, W. (2006): Das Elterngespräch in der Schule. Von der Konfrontation zur Kooperation. 3. Auflage. Donauwörth: Auer.
Hennig, C./Knödler, U. (2000): Problemschüler – Problemfamilien. Weinheim/Basel: Beltz.
Hessisches Kultusministerium/Landeselternbeirat von Hessen (Hrsg.) (2007): Gemeinsam erziehen. Amt für Lehrerbildung, 34233 Fuldatal, Rothwestener Str. 2–14.
Hildebrandt, A. (2006): Die Spur des Grenzgängers. Leben als Passion. Paderborn: Junfermann.
Hummel, C./Fotini, P. (2004): Erziehen: Handlungsrezepte für den Schulalltag in der Sekundarstufe. Keine Toleranz bei Gewalt. 5. Auflage. Wuppertal: Cornelsen.
Hurrelmann, K./Rixius, N./Schirp, H. (1999): Gewalt in der Schule. Weinheim: Beltz.
Hurrelmann, K./Bründel, H. (2007): Gewalt an Schulen. Pädagogische Antworten auf eine soziale Krise. Weinheim: Beltz.
Hüther, G. (2009a): Biologie der Angst. Wie aus Stress Gefühle entstehen. 9. Auflage. Göttingen: Vandenhoeck & Ruprecht.
Hüther, G. (2009b): Ohne Gefühl geht gar nichts. Worauf es beim Lernen ankommt. Vortrag, gehalten auf der Veranstaltung »Schule träumen im Theater« in Freiburg. DVD. Studio auditorium netzwerk.
Jannan, M. (2010): Das Anti-Mobbing-Buch: Gewalt an der Schule – vorbeugen, erkennen, handeln. Mit Elternheft und Materialien zum Cyber-Mobbing. 3. Auflage. Weinheim/Basel: Beltz.
Kaltwasser, V. (2010): Persönlichkeit und Präsenz. Achtsamkeit im Lehrberuf. Weinheim/Basel: Beltz.
Kasper, H. (2006): Streber, Petzer, Sündenböcke. Wege aus dem täglichen Elend des Schülermobbings. 5. Auflage. Lichtenau: AOL.
Kast, V. (2007): Abschied von der Opferrolle. 8. Auflage. Freiburg: Herder.
Kaufmann-Huber, G. (2001): Kinder brauchen Rituale. Freiburg: Herder.
Kindler, W. (2002): Gegen Mobbing und Gewalt. Seelze-Velber: Kallmeyersche Verlagsbuchhandlung.
Lion, B./Stöger, Chr./Niermann, F. (2010): Professionalisierung im Lehrberuf. Weinheim/Basel: Beltz.
Matzner, M./Wyrobnik, I. (2010): Handbuch Mädchen-Pädagogik. Weinheim/Basel: Beltz.
Matzner, M./Tischner, W. (2009): Handbuch Jungen-Pädagogik. Weinheim/Basel: Beltz.
Miller, R. (2007): Selbstcoaching für Schulleiterinnen und Schulleiter. 2. Auflage. Weinheim: Beltz.
Miller, R. (2005): Sich in der Schule wohlfühlen. 6. Auflage. Weinheim/Basel: Beltz.
Miller, R. (2004): Das ist ja wieder typisch! 25 Trainingsbausteine für gelungene Kommunikation in der Schule. 4.Auflage. Weinheim/Basel: Beltz.

Oaklander, V. (1993): Gestalttherapie mit Kindern und Jugendlichen. 8. Auflage. Stuttgart: Klett-Cotta.
Oelsner, W./Lehmkuhl, G. (2002): Schulangst. Düsseldorf: Patmos.
Olweus, D. (2008): Gewalt in der Schule. Was Lehrer und Eltern wissen sollten – und tun können. 4. Auflage. Bern: Huber.
Perls, F. (2002): Gestalttherapie in Aktion. 10. Auflage. Stuttgart: Klett-Cotta.
Perls, F. (1992): Grundlagen der Gestalttherapie. Einführung und Sitzungsprotokolle. 8. Auflage. München: Pfeiffer.
Perry, B. D./Szalavik, M. (2009): Der Junge, der wie ein Hund gehalten wurde. Was traumatisierte Kinder uns über Leid, Liebe und Heilung lehren können. 2. Auflage. München: Kösel.
Philipp, E./Rademacher, H. (2002): Konfliktmanagement im Kollegium. Weinheim: Beltz.
Philipp, E. (2000): Teamentwicklung in der Schule. 3. Auflage. Weinheim: Beltz.
Riegel, E. (2004): Schule kann gelingen. Wie unsere Kinder wirklich fürs Leben lernen. Frankfurt: Fischer.
Röhr, H.-P. (2005): Wege aus der Abhängigkeit. 2. Auflage. Düsseldorf: Patmos.
Rosenberg, M. B. (2003): Gewaltfreie Kommunikation. Neue Wege in der Mediation und im Umgang mit Konflikten. 4. Auflage. Paderborn: Junfermann.
Rosenberg, M. B. (2004): Konflikte lösen durch Gewaltfreie Kommunikation. 8. Auflage. Freiburg: Herder.
Rutter, M. (1989): Fünfzehntausend Stunden. Weinheim: Beltz.
Satir, V. (1998): Selbstwert und Kommunikation. 13. Auflage. München: Pfeiffer.
Satir, V. (2001): Mein Weg zu dir. Kontakt finden und Vertrauen gewinnen. 6. Auflage. München: Kösel.
Schaarschmidt, U./Kieschke, U. (Hrsg.) (2007): Gerüstet für den Schulalltag. Psychologische Unterstützungsangebote für Lehrerinnen und Lehrer. Weinheim/Basel: Beltz.
Schaarschmidt, U. (Hrsg.) (2005): Halbtagsjobber? Psychische Gesundheit im Lehrerberuf – Analyse eines veränderungsbedürftigen Zustandes. 2. Auflage. Weinheim/Basel: Beltz.
Schmidbauer, W. (2005): Lebensgefühl Angst. Jeder hat sie. Keiner will sie. Was wir gegen die Angst tun können. Freiburg: Herder.
Schulz von Thun, F. (2001): Miteinander reden. Kommunikationspsychologie für Führungskräfte. 2. Auflage. Hamburg: Rowohlt.
Schulz von Thun, F. (1981/Sonderausgabe 2008): Miteinander reden 1. Störungen und Klärungen. Hamburg: Rowohlt.
Schulz von Thun, F. (1989/Sonderausgabe 2008): Miteinander reden 2. Stile, Werte und Persönlichkeitsentwicklung. Hamburg: Rowohlt.
Schulz von Thun, F. (1998/Sonderausgabe 2008): Miteinander reden 3. Das »Innere Team« und situationsgerechte Kommunikation. Hamburg: Rowohlt.
Spiess, W. (Hrsg.) (2000): Die Logik des Gelingens. Lösungs- und entwicklungsorientierte Beratung im Kontext von Pädagogik. 2. Auflage. Dortmund, borgmann publishing.

Spitzer, M. 2006: Medizin für die Schule. Plädoyer für eine evidenzbasierte Pädagogik. In: Caspary, R. (Hrsg.): Lernen und Gehirn. Der Weg zu einer neuen Pädagogik. Freiburg: Herder

Spitzer, M. (2002): Lernen. Heidelberg: Spektrum Akademischer Verlag.

Steiner, T./Kim Berg, I. (2006): Handbuch Lösungsorientiertes Arbeiten mit Kindern. 2. Auflage. Heidelberg: Carl Auer.

Stevens, J. O. (2006): Die Kunst der Wahrnehmung. 17. Auflage. München: Kösel.

Tausch, R. (1993): Hilfen bei Stress und Belastung. Reinbek bei Hamburg: Rowohlt.

Tausch, R./Tausch, A.-M. (1988): Wege zu uns und anderen. Reinbek bei Hamburg: Rowohlt.

Veith, P. (2005): Gewaltfrei lernen im Klassenzimmer. Donauwörth: Auer.

Voß, R. (Hrsg.) (2005): LernLust und EigenSinn. Systemisch-konstruktivistische Lernwelten. Heidelberg: Carl-Auer.

Weber, A./Weltle, D./Lederer, P. (2004): Frühinvalidität im Lehrerberuf. Sozial- und arbeitsmedizinische Aspekte. In: Deutsches Ärzteblatt, Jg. 101, H. 13, S. A858.

Weisbach, C./Sonne-Neubacher, P. (2008): Professionelle Gesprächsführung. 7. Auflage. München: Beck.

Welter-Enderlin, R./Hildenbrand, B. (Hrsg.) (2002): Rituale. Heidelberg: Carl-Auer.

Zinker, J. (1993): Gestalttherapie als kreativer Prozess. 5. Auflage. Paderborn: Junfermann.

Internetadressen:

www.bundeselternrat.de
www.partners-in-education.de
www.verantwortung.de